추천의 글

아이의 잠재력은 제일 먼저 부모가 발굴해야 한다

SBS 영재발굴단과 함께 한지도 벌써 2년이 지났다. 그동안 뛰어난 재능을 가지고 있으면서도 그것이 재능인지 모르고 있던 아이들부터 재능이 있는 아이를 어떻게 키워야 할지 고민하던 부모들, 자신의 재능 때문에 오히려 고통을 겪고 있던 아이들과 그 부모들까지 정말 다양한 그리고 많은 영재들을 만나보았다. 그들을 만나고 대화하고 탐색하고 고민하면서 나 역시도 많은 깨달음을 얻은 소중한 시간이었다.

영재발굴단에 출연하면서 나를 만난 사람들이 때로는 너무 뛰어난 아이들을 보는 것에 대한 불편함을 표현하기도 하였다. 신기하기도 하고 한편 부럽기도 하고 문득 우리 아이와 너무 다른 이 아이들의 이야기를 내가 왜 보고 있어야 하는지 모르겠다고 하였다. 게다가 정말 열심히 준비하고 아이를 가르치고 키우는 엄마를 보면 죄책감 비슷한 것까지 든다고.

나는 그 때 이렇게 대답해 주었다. "나도 처음에는 영재들에게 필요한 것을 찾는 데에 집중하고 있었어. 그런데 그렇게 하다보니까 깨달은 게 있는데, 영재들에게 필요한 것은 영재들에게만 필요한 것이 아니라는 거야. 영재들에게 필요한 것이 바로 우리 아이들에게 필요한 거야."

왜 그럴까? 이유는 영재들에게 필요한 것이 바로 두뇌의 잠재력을 키우는 것들이기 때문이다. 방송에 소개된 아이들이야 조금만 도와주어도, 심지어 도움 없이도 자신의 재능을 드러내보이기 때문에 눈에 보인다. 그러다보니 그 재능을 키워주기 위해 적절한 방법들을 찾기가 쉽다. 하지만, 우리 아이들의 잠재력은 눈에 잘 띄지 않는다. 그러다보니 없는 것처럼 보이기 쉽다. 그러나, 우리 아이들이라고 잠재력이 없을 리 없다. 오히려 눈에 잘 띄지 않기 때문에 더 유심히 살펴서 '발굴'하고 키워줄 필요가 있다.

우리 아이들의 잠재력이 잘 보이지 않는 큰 이유 중 하나는 부모가 잠재력을 볼 줄 모르기 때문이다. 내가 상담할 때 많은 부모들이 "우리 아이가 한글을 일찍 뗐고요…", "지금 벌써 덧셈 뺄셈을 하거든요."라고 말한다. 그러나 영재성은 그런 것들로 평가되지 않는다. 영재성은 가르쳐주지 않은 것을 즉흥적으로 잘 해내고, 퍼즐이나 모양 맞추기를 즐기며 호기심 많고 공상을 즐기는, 에너지가 많고 활달한 아이들 안에 존재한다. 그동안 영재발굴단에 소개된 아이들을 살펴보면 금방 알 수 있다.

영재 부모들의 육아법을 분석해 보면, 이런 성향을 빨리 파악하고 여기에 맞춰 가려고 노력한 흔적이 엿보인다. 아이와 끝까지 눈을 맞추고 경청하고, 아이가 흥미를 보이는 것을 더 경험하게 해주고, 아이의 생각이나 느낌을 최대한 표현할 수 있게 해준다. 가능하면 아이와 즐겁게 상호작용하는 즐거움을 경험하려고 한다.

이 책에는 이런 육아법을 어떤 상황에서 어떻게 적용하면 좋은지에 대한 예가 많이 들어있다. 영어에 관심이 있는 아이를 도와주는 법, 여러 언어를 배우고 싶어하는 아이에게 해 줄 수 있는 것들, 언어를 발달시키기 위해 책읽기는 어떻게 하고 대화와 놀이를 어떻게 하면 좋은지를 구체적으로 제시한다.

너무 많은 내용을 넣어서 피상적인 내용이 될 것을 우려해 언어영역에만 집중해서 지면을 할애한 것도 매우 적절하다.

한글은 언제부터 가르치고 영어는 무엇부터 해야하는지, 수학 학습지는 어떤 것부터 시켜야하는지가 고민이라면 먼저 이 책을 정독해 볼 것을 권한다. 지금 우리 아이에게 정말 필요한 것이 무엇이고 그것을 어떻게 제공할 수 있는지에 대한 제대로 된 정보를 얻을 수 있을 것이다.

이 책에 소개된 아이들의 글을 읽으면서 그들을 처음 만났을 때가 떠올라 미소가 지어졌다. 지금은 어떻게 자랐을까. 아이도 부모도 다 행복할까? 새삼 보고싶어진다. 그리고 내가 앞으로 만날 영재들과, 보이지 않지만 보석같은 잠재력을 지니고 있는 아이들을 위해서 더욱 노력해야겠다고 다짐한다.

노규식
정신건강전문의

차례

추천의 글   2

5개 국어 영재 기른 영재 엄마의 힘!   10
이서연

기저귀 찬 아이가 7개 국어를?   22
32개월 '언어 지니어스'
홍승유

배움을 즐거워하는 '5개 국어 능력자'   34
이유림

3개 국어로 대한민국 알리는   46
열세 살 최연소 문화해설사!
송재근

영어와 중국어 술술 말하는
27개월 '언어 슈퍼 베이비'
김이준
58

자막 없이 '미드' 즐기는 아홉 살 '영어 슈퍼파워'
고태윤
70

타고난 재능에 노력까지 더한 '팔방미인'
안세윤
82

미운 네 살? No! 영어 잘하는 네 살!
이진오
92

스마트폰으로 3개 국어 섭렵한
'한국의 꼬마 스티브 잡스'
김성윤
102

스스로 영어 깨친 두 살배기 '영어둥이' 114
윤찬영

구구단 못 외우는 수학 천재? 알고 보니 언어 영재! 126
이승재

할리우드 스타가 영어 선생님? 136
'한국의 열세 살 짐 캐리'
박태현

영어 실력 쑥쑥 키운 '빛나는 뮤지컬 열정' 146
김서정

『사자소학』·홈스쿨링으로 내공 쌓은 158
선산 김씨 34대손 '무공해 남매'
김현빈·김현덕 남매

6천 쪽 법전 독학하는 '미래의 헌법재판관'   170
강선호

기발한 상상력으로 세운 'JAY의 자연 속 영어마을'   180
허제이

한 번 본 문장 줄줄 외우는 '영어 알파고'   190
양현서

놀라운 어휘력을 품은 42개월 '언어의 귀재'   200
주연아

부록   212
비장의 SECRET!

열정의 아이를 소개합니다!

- 이 름 이서연
- 나 이 만 6세(2017년 기준)
- 특 징 5개 국어를 자유자재로 구사(한국어, 영어, 중국어, 일본어, 스페인어)
- 출 연 영재발굴단 제90회(2017년 1월 11일)

5개 국어 영재 기른
영재 **엄마의 힘!**

이서연 양·이지나 어머니

만 5세 아이가 5개 국어를 한다?
이 믿기지 않는 이야기의 주인공 서연이는 원어민과 막힘없이
대화를 나눌 정도로 유창한 실력을 자랑한다.
그런데 더 놀라운 점은 아이의 엄마까지 5개 국어를 술술 말하는 데다가,
모녀가 하루 종일 웃음꽃 피우며 신나게 놀기만 한다는 것!
과연 이 집에는 어떤 비밀이 숨어있는 것일까?

이름이 다섯 개인 언어 영재가 있다?

또래 아이들처럼 집에 도착하자마자 유치원 가방부터 벗어던지는 서연이. 아이가 장난기 가득한 얼굴로 우다다 달려간 곳은 TV나 컴퓨터 앞이 아닌 바로 엄마 앞이다. 웃는 얼굴로 서연이를 반긴 엄마가 말한다. "오늘은 뭐했어?" 그런데 뭔가 이상하다. 우리나라 말이 아닌 중국어가 흘러나오는 것이다! 서연이가 초롱초롱한 눈빛으로 엄마를 바라보며 이야기 한 보따리를 펼친다. 신기하게도 중국어로 말이다.

"오늘 친구들이랑 소꿉놀이했어요!" 모녀의 대화는 비단 중국어로만 이뤄지지 않는다. 영어, 스페인어, 일본어, 우리나라 말을 자유자재로 넘나들며 마치 배드민턴 릴레이를 하듯 말꼬리를 계속 이어가는 것. "저는 이름이 다섯 개예요. 서연이, 써니, 니 쉬치엔, 솔라나, 써니짱! 다섯 개 말을 할 수 있거든요!" 서연이의 해맑은 자랑에 엄마 지나 씨가 흐뭇하게 미소 짓는다.

서연이는 5개 국어를 원어민처럼 말한다. 스페인어 강사가 '현지 또래 아이들인 중급 B1 수준'이라고 인정했을 정도다. 이쯤 되면 '혹시 해외에 살았거나 외국어 유치원을 다니지 않을까?'라는 생각이 절로 드는데, 천만의 말씀! 외국어 유치원은커녕 외국어 학원조차 한 번도 다닌 적이 없단다. 그렇다면 서연이의 외국어 실력은 도대체 어디에서 나온 것일까? 머릿속을 가득 채운 물음표를 아는지 모르는지 서연이는 자신의 꿈을 당당하게 밝히기 바쁘다. "저는 세계를 마음껏 돌아다니는 탐험가가 될 거예요!" 그런데 지금까지 서연이를 관찰하며 간과한 점이 하나 있다. 서연이 엄마 지나 씨도 5개 국어를 유창하게 말한다는 사실이다.

서연이가 잠든 밤,
엄마는 '열공'한다!

엄마 지나 씨는 출산 두 달 만에 회사에 복직했고, 서연이를 외할머니에게 맡겼다. 그런데 두 돌이 갓 넘었을 때 영유아 종합 검진을 받기 위해 찾은 센터에서 지나 씨는 큰 충격을 받았다. 서연이가 엄마와 말을 하지 않아 외할머니와 검사를 진행할 수밖에 없었거니와, 말이 또래에 비해 느리다는 소견을 받았기 때문이다. 지나 씨는 검사실 창문 너머에 앉아있는 아이를 바라보며 결심했다. 이제부터는 '워킹맘 이지나'가 아닌 '서연이 엄마'로 살겠노라고.

직장을 그만둔 지나 씨는 서연이와 즐겁게 소통할 방법을 고심했다. 외국어도 그중 하나였다. 세심한 관찰을 통해 서연이가 책 읽는 걸 싫어한다는 사실을 알게 된 지나 씨는 아이 눈높이에 맞는 놀이로 단어를 하나둘 알려주기 시작했다. 그러자 서연이가 방긋방긋 웃으며 말을 곧잘 따라했다. 영어 가사로 된 '반짝반짝 작은 별' 동영상을 즐겁게 따라하다가 연관 동영상으로 뜬 중국어 버전을 보고도 재미있어 했다. 지나 씨는 외국어 놀이의 영역을 다른 언어로 조금씩 넓혀 나갔다. 그런가 하면 외국어 놀이가 끝난 뒤에는 온 가족이 거실에 모였다. 서연이는 그날 배운 내용을 엄마 아빠 앞에서 재잘재잘 이야기했다. 엄마 아빠는 아이에게 격려와 칭찬으로 화답했다. 신이 난 서연이는 점점 더 즐겁게 외국어를 가지고 놀았다.

 **Tip.1** 서연이 엄마 지나 씨의 남다른 외국어 공부법!

책 읽기를 싫어하는 서연이를 위해 지나 씨는 온몸을 이용한 외국어 놀이를 진행하기로 결심했어요. 그 첫걸음은 바로 현지인의 모든 것 따라하기! 외국어 동영상을 보면서 말투와 표정은 물론, 몸동작까지 그대로 익힌 뒤 서연이에게 보여준답니다. 서연이가 즐겁게 외국어를 공부할 수 있었던 비결이에요!

또한 스크랩북, 단어카드, 외국어 교재, 가면놀이 도구 등 서연이 맞춤형 교재와 교구를 직접 만들어 보다 즐거운 외국어 놀이 환경을 만들어 줬다. 만 5세에 5개 국어를 구사하는 외국어 영재 서연이의 티 없는 함박웃음 뒤에는 엄마 지나 씨의 피나는 노력이 자리 잡고 있었던 것이다.

서연이가 잠든 밤, 지나 씨는 컴퓨터 앞에 앉아 외국어를 공부했다. 교재 탐독, 동영상 시청, 외국어 프리토킹 등 다양한 방법을 적극적으로 동원했다. 하루 다섯 시간 이상 자본 적이 없을 정도로 열심히 공부했다.

'행복한 영재' 키우는
아키텍 키즈맘!

지나 씨는 서연이와의 외국어 놀이 발자취를 블로그에 차곡차곡 쌓아 나갔다. 많은 누리꾼, 특히 육아맘들이 놀랍다는 반응을 보였다. 그런데 개중에는 아이가 너무 공부만 하는 것 아니냐는 댓글도 있었다. 이를 보고 지나 씨는 고민에 빠졌다. '아이의 행복이 가장 중요한데 나만 즐거운 것 아닐까?' 생각 끝에 지나 씨는 서연이 심리 검사를 해 보기로 마음먹었다.

긴장한 엄마 아빠 앞에 검사를 진행한 이수현 임상심리사가 나타났다. 그녀가 웃으며 엄마 아빠에게 말했다.

"아이 정말 잘 키우고 계시네요!" 검사 결과 스트레스를 스스로 회복하는 능력인 '자아 탄력성' 지수가 매우 높게 나타난 것. 놀이로 외국어를 접할 수 있게 했기에 서연이의 긍정적 자존감이 높아졌고, 이로 인해 자아 탄력성이 높아졌다는 것이 이수현 임상심리사의 설명이다.

그 말에 지나 씨가 기쁨을 감추지 못했다. 자신의 놀이 교육법으로 아이와의 관계와 외국어 실력, 두 마리 토끼를 모두 잡았다는 것을 증명한 셈이기 때문이다.

'아키텍 키즈맘(Architec-kids Mom)'이란?

요즘에는 서연이 엄마와 같이 아이를 키우는 분들을 아키텍 키즈맘이라고 해요. 'Architecture(건축)'와 'Kids(아이)'의 합성어로, 계획적으로 아이를 키우는 엄마를 뜻하죠. 주로 1980년대에 태어나 높은 학력과 사회 경험을 두루 갖춘 엄마들로, 공부를 강요하기보다는 아이의 창의성과 정서 발달, 행복을 더 중요하게 생각한답니다.

한편, 노규식 정신건강전문의는 다만 외국어 놀이가 아닌, 놀이 그 자체를 위한 '순수 놀이'를 늘리면 아이의 창의성과 사회성을 풍성하게 해줄 것이라 조언한다. 이 말을 들은 지나 씨는 곧바로 순수 놀이 시간을 늘렸다. 그래서인지 한결 높아진 서연이의 천진난만한 웃음소리! 서연이와 지나 씨의 즐겁고 행복한 외국어 놀이는 앞으로 쭉 이어질 듯하다.

TIP.3 서연이 엄마가 '강추'하는 유튜브 동영상!

외국어 동영상을 활용하세요. 아이의 외국어 놀이 흥미를 한층 더 높일 수 있는 좋은 방법이랍니다!

- **Betsy's Kindergarten Adventures** – 유치원생 강추! 영어 동영상
- **Plim Plim** – 유아용 스페인어 동영상
- **Backe, backe Kuchen** – 요리 관련 단어를 배울 수 있는 독일어 동요
- **Animals Russian ABCs** – 동작 명령형을 배울 수 있는 독일어 동요 동영상
- **시크릿 쥬쥬 영어** – 시크릿 쥬쥬 영어 더빙 채널
- **핑크퐁 영어 동요** – 핑크퐁 키즈 송 & 스토리 채널

●

5개 국어 영재 서연이의 이야기를 영상으로 확인하세요!
영재발굴단 제90회(2017년 1월 11일) 방송

●

서연이 엄마의 다양한 이야기를 블로그에서 살펴보세요!
'3시간 육아맘의 엄마표 다개국어'
http://blog.naver.com/qnfakswhr

[이서연]

열정의 아이를 소개합니다!

이 름   홍승유
나 이   만 3세(2017년 기준)
특 징   유튜브 동영상만으로 7개 국어 습득한 32개월 '언어 지니어스'
출 연   영재발굴단 제91회(2017년 1월 18일)

기저귀 찬 아이가 **7개 국어를?**
32개월 **'언어 지니어스'**

홍승유 군

하나를 가르치면 열을 아는 아이를 영재라고 하던가?
그렇다면 승유는 천재가 분명하다.
하나도 안 가르쳤는데 열을 알아내기 때문! 고작 32개월,
어리다고 하기에도 미안한 나이에 오로지 스스로 검색해 찾아낸
유튜브 동영상으로 7개 국어를 습득한 신기한 아이!
승유를 한 치 망설임 없이 '언어 지니어스'라 부르는 이유다.

'엄마 껌딱지'의 '최애' 놀이, 영어!

한가로운 평일 오후, 거실 한가운데 앉은 승유가 블록 놀이에 푹 빠져 있다. 여느 아이들처럼 사뭇 진지하게 블록 하나하나를 조립하는 아이. 그런데 승유가 완성한 블록을 가리키고는 미소 지으며 외친다. "에이(A)!" 가만히 보니 승유가 만든 블록, 영락없는 'A' 모양이다. 승유 나이를 잘못 들었나? 엄마와의 대화를 곰곰이 되짚어 봐도, 아이가 기저귀 찬 모습을 뚫어지게 쳐다봐도 분명 32개월이 맞다. 한글 단어 몇 개만 말해도 기특한 나이에 벌써 알파벳을 안다? 우연일 거라고 생각하던 그 순간, 아이가 어느새 'B' 모양 블록을 들고 있다. 승유는 분명 영어를 알고 있는 것이다!

알파벳만 다 알아도 대단한 노릇인데, 펜을 들고 화이트 보드 앞에 선 승유는 영어 단어를 일필휘지로 써 내려가는 것도 모자라 읽기까지 한다. "북(Book)! 그린(Green)! 핑크(Pink)!" 그런데 승유가 갑자기 숫자를 세기 시작한다. 역시 영어로 줄줄 읊어 내려가는데, 좀처럼 끝이 보이지 않는다. "…나인티 나인(Ninety-Nine), 원 헌드레드(One Hundred)!" 100까지 세고 나서야 겨우 멈추더니 신나는지 덩실덩실 춤을 춘다. 진심으로 영어를 즐기는 모양이다. 이 모습을 지켜보던 승유 엄마가 못 말린다는 듯 고개를 저으며 미소 짓는다.

"블록이나 찰흙으로 알파벳 만드는 걸 좋아해요. 게다가 그냥 놔두면 하루 종일 영어공부를 해요. 누가 시키지도 않았는데 말이죠. 그래서 오히려 주말마다 밖으로 나가려고 해요. 공부 못하게 하려고요."

며칠 뒤, 주말을 맞아 승유네 가족은 키즈 카페로 향했다. "승유야, 오늘은 ABC 하지 말고 여기서 신나게 놀자, 알았지?" 그런데 예상치 못한 모습이 펼쳐졌다. 승유가 칭얼거리기 시작했다. "싫어, 나 ABC할래." 공부 못하게 하려고 밖으로 나온다는 부모의 말이 이해가 되는 상황이다. 승유는 트램펄린 위에서 몇 번 점프하는가 싶더니 어느새 화이트 보드 앞에 선다. 그리고는 집에서 그랬던 것처럼 고사리손으로 무언가를 부지런히 적는데 가만히 살펴보니 영어가 아닌 키릴문자(러시아어 알파벳)다!

FINDING GENIUS

유튜브 동영상만으로
7개 국어를 익혔다니!

마침 딸과 키즈 카페에 놀러 온 러시아인이 승유를 신기하게 쳐다보더니 아예 아이 옆에 앉아 알파벳을 하나하나 불러준다. 역시나 승유는 키릴문자를 척척 쓴다. 원어민의 발음도 무리 없이 알아들을 정도의 실력이다. 하지만 놀라기에는 아직 이르다. 'A, B, C'를 '아, 베, 쎄'로 읽으며 프랑스어 실력을 뽐내더니, 일본어를 거쳐 한자까지 거침없이 읽고 쓴다. 스페인어에도 푹 빠졌단다.

승유는 언제부터 언어에 재능을 보인 것일까? 그 출발점은 고작 15개월 무렵이었다. 할아버지 할머니가 우연히 유튜브로 ABC 동영상을 보여줬더니 눈을 반짝이면서 남다른 호기심을 보였더란다. 그러더니 두 달 뒤인 17개월에 승유는 본격적으로 영어를 읽기 시작했다. 20개월이 되자 펜으로 영어를 쓰기까지 했다고. 여기까지만 해도 입이 벌어지건만 놀라운 점이 하나 더 있다. 승유 스스로 유튜브를 보며 이 모든 과정을 밟아 왔다는 것이다. 아이가 지금까지 보여 준 여러 언어 또한 유튜브로 갈고닦았다고 하니 유튜브는 승유의 '언어 친구'인 셈이다.

승유는 유튜브로 1년여 만에 6개 언어를 익혔다. 그런 아이가 취재 기간 동안 주목한 새로운 언어가 있었으니, 바로 아랍어! 워낙 문자가 어려운 탓에 아랍인조차 읽기를 먼저 배우고, 쓰기는 초등학교에 입학하고 나서야 배우기 시작한다는 이 어려운 언어를 고작 유튜브로 익힌다? 그런데 설마설마했던 일이 실현되고야 말았다. 아랍어 동영상을 찾아본 지 3일째 되던 날 오후, 태블릿 PC에만 매달리던 승유가 드디어 몸을 일으킨 것! "이제 써 볼까?" 짧은 한 마디와 함께 화이트보드 앞으로 달려간 승유가 점의 미세한 위치에 따라 뜻 자체가 바뀌는 아랍어를 완벽하게 쓴다. 옆에서 지켜본 사람들조차도 믿기지 않는 놀라운 언어 습득 능력! 과연 승유의 머릿속에는 어떤 비밀이 숨어 있는 것일까?

Tip.1 승유의 '베프(베스트 프렌드)', 유튜브

승유는 유튜브를 자유자재로 다룰 줄 알아요. 영어 검색은 물론이고 연관 동영상을 마음대로 넘나들면서 다양한 외국어 동영상을 접하고 있죠. 뿐만 아니라 되감기와 다시 보기를 적극 활용해 스스로 복습하기까지 해요. 승유 부모는 아기 때부터 맺은 유튜브와의 인연이 이토록 길게 이어질 줄은 몰랐고, 아이의 언어 실력까지 성장할 줄 전혀 예상치 못했다고 얘기해요. 유튜브 동영상이 아이의 언어 교육에 큰 도움이 된다는 사실, 꼭 기억하세요!

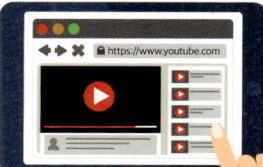

홍승유

'성취 압력'과 '간섭'이
아이의 재능 일깨운다!

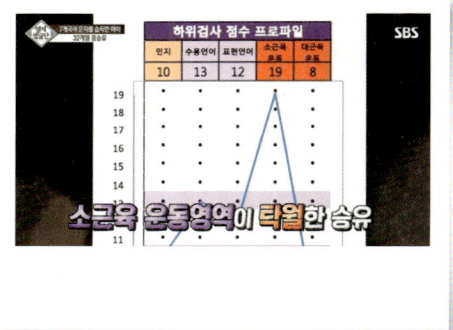

"저희도 아들이 궁금해 죽겠어요." 부모조차 아들의 숨은 능력을 궁금해 하는 상황이니 망설일 게 무엇이랴. 당장 승유를 데리고 아동상담센터를 찾았다. 아이의 언어 습득 능력을 밝혀 줄 다양한 검사와 부모 양육 태도 검사를 병행한 승유네 가족은 두근거리는 마음으로 손정선 아동행동발달전문의 앞에 앉았다.

"오늘은 아이의 발달 상태를 집중적으로 검사했는데요. 승유는 소근육 운동 영역, 즉 손을 자기 마음대로 움직이는 능력이 매우 좋아요." 실제로 승유는 32개월이 하기 힘들어 하는 가위질과 도형 그리기를 척척 해낸다. 이는 곧 '인지 능력이 상위 1%에 든다'라는 손정선 전문의의 말에 부모는 기쁨을 감추지 못한다.

승유의 높은 인지 능력이 바로 7개 국어 습득의 숨겨진 비밀이었다.

다만 손정선 전문의는 아이가 새로운 것을 익히는 데에는 대단한 능력을 발휘하는 반면, 이를 활용하는 능력은 상대적으로 떨어진다는 진단도 내렸다. 그리고 이 같은 불균형한 인지 발달의 주요 원인 중 하나가 바로 부모의 양육 태도라는 이야기도 곁들였다. 아이가 스스로 좋아해서 유튜브 동영상으로 공부하는 것 자체는 문제가 되지 않는데, 부모와의 소통과 다양한 경험이 부족해서 익힌 지식을 제대로 활용하지 못한다고 설명한다. 이를 증명하듯 부모의 양육 태도 검사 결과, 성취 압력과 간섭 영역이 다른 분야에 비해 낮게 나왔다.

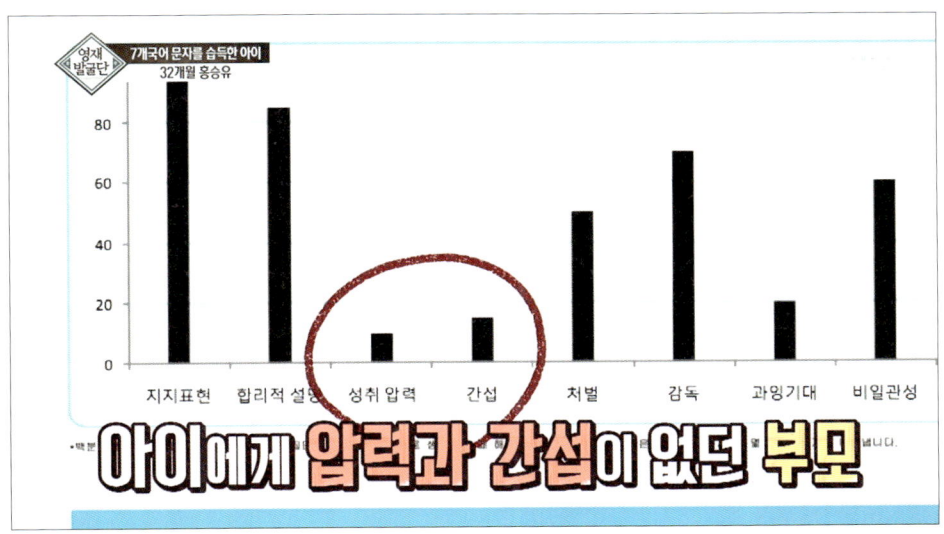

검사를 받은 후, 승유네 가족의 주말은 제법 다르게 흘러가고 있다. 아이가 좋아하는 언어와 블록 놀이로 대화를 많이 하고 다양하게 질문하면서 이와 연관된 다양한 지식 활용 능력을 조금씩 길러주고 있다. 부모의 관심과 칭찬, 격려가 이어지자 승유는 상황에 더욱더 집중했고, 부족했던 면이 눈에 띄게 성장하고 있다. 역시 '아이의 재능은 부모의 관심이 키운다'라는 격언이 옳은 모양이다.

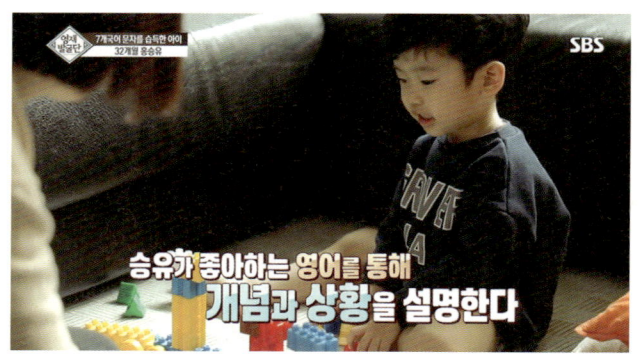

Tip.2 적절한 '성취 압력'과 '간섭'은 아이 성장의 원동력!

언어에 대한 애정과 유튜브 동영상 시청은 승유의 잠재력을 폭발시키는 기폭제가 됐어요. 하지만 승유 부모는 그저 아이가 너무 많이 공부하는 것이 걱정될 뿐이었죠. 그래서 아이가 하기 싫어하는 활동을 시키려고만 했어요. 하지만 아이에게 적절한 '간섭'과 '성취 압력', 즉 원활한 상호작용을 이어간다면 아이의 인지 발달에 균형을 맞춰줄 수 있어요. 아이가 좋아하는 것을 하게 하고, 이를 바탕으로 소통해보세요!

- '7개 국어 익힌 언어 지니어스' 승유의 이야기를 영상으로 확인하세요!
영재발굴단 제91회(2017년 1월 18일) 방송

열정의 아이를 소개합니다!

- **이 름** 이유림
- **나 이** 만 8세(2017년 기준)
- **특 징** 5개 국어를 모국어 수준으로 구사(한국어, 영어, 중국어, 스페인어, 프랑스어)
- **출 연** 영재발굴단 제59회(2016년 6월 1일)

배움을 즐거워하는 '5개 국어 능력자'

이유림 양

외국어가 좋아서 학교도 가지 않는 여덟 살이 있다?
바로 유림이다. 생후 26개월부터 시작됐다는 유림이의 외국어 사랑은
영어, 중국어, 스페인어, 프랑스어로 뻗어 나갔다.
급기야 자신이 직접 동화책을 쓰기까지! 아이는 외국어를 더 많이 배우고
이야기하고 싶어 초등학교 입학 대신 홈스쿨링을 선택했다.
유림이의 외국어 사랑은 어떻게 시작된 걸까.

5개 국어로 동화책 쓰는 꼬마 작가 등장!

"좋아하는 걸 하면 재미있잖아요. 그래서 계속하다 보니까 잘하게 된 것 같아요." 유림이는 도저히 여덟 살 아이의 말이라고는 믿기지 않는 문장을 그저 아무렇지도 않게 해맑게 웃으며 이야기한다. 그런 유림이가 가장 좋아하는 것은 바로 외국어다. 일어나서 잘 때까지 늘 책을 끼고 사는 유림이에게 언어의 장벽은 딴 나라 이야기다. 우리나라 책을 읽고 싶으면 한국어책을, 영어책을 읽고 싶을 때는

영어책을 읽으면 된다.

다만 유림이만의 독서 원칙이 있다. 바로 독후감 쓰기다. 엄마가 강요한 건 당연히 아니다. 스스로 책을 읽고 독후감을 쓴다는 유림이는 습관을 들이니 글쓰기가 재미있어졌다고 이야기한다. 단지 엄마는 유림이 옆에서 아이가 내용을 읽고 해석해 줄 때까지 기다릴 뿐이란다. 그렇게 유림이 엄마 은정 씨가 지난 1년간 모아 둔 독후감 스케치북만 수십 권이다. 그때 유림이가 갑자기 자기가 직접 썼다는 동화책을 들고 온다. 무려 10편이 넘는 이야기다. 알고 보니 아이의 꿈은 동화 작가다.

하나의 언어로 읽고 말하고 쓰는 것도 어려운데, 무려 5개 국어를 자유자재로 구사하는 유림이를 보니 대체 유림이의 엄마 아빠가 누군지 궁금해진다. 유림이처럼 외국어를 좋아하고 잘하지 않을까. 그 물음에 두 사람은 쑥스러운 듯 고개를 내젓는다. 유림이 아빠 창열 씨는 '공부는 잘 못 했다'라고 말하며 수줍어하는 눈치다.

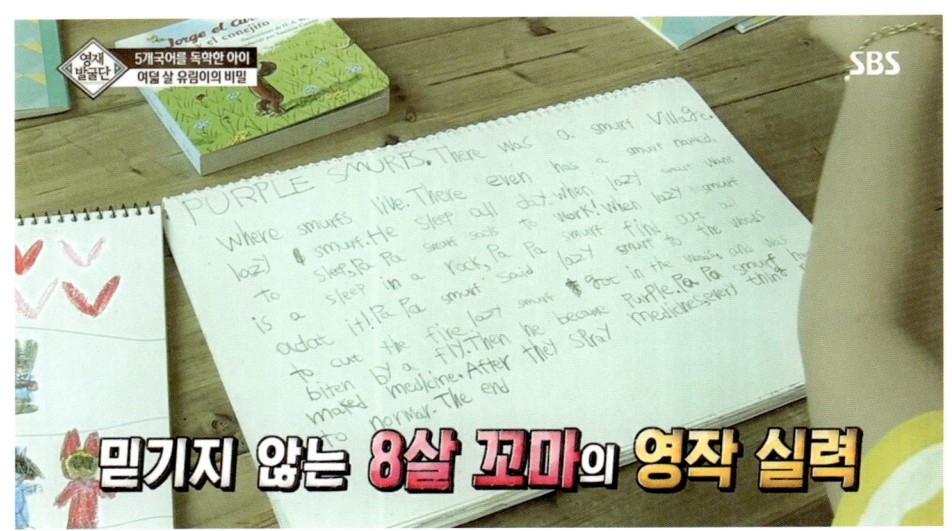

Tip.1 직접 동화책을 만들었다는 유림이의 독서 노하우는?

유림이는 한국어를 포함해 5개 국어를 자유롭게 구사하는 것은 물론 소문난 다독왕이라는 데요. 동화작가가 꿈이라는 유림이는 벌써부터 직접 동화책을 만들어 읽는다고 합니다. 이처럼 유림이가 읽기는 물론 쓰기까지 어렵지 않게 해내는 것은 바로 '독후감 쓰기'라는 유림이만의 독서법 때문입니다. 책을 읽고 난 후에는 반드시 독후감을 쓴 유림이는 이러한 이유로 자신만의 이야기를 만들 수 있었습니다.

유림이를 위한,
유림이에 의한 홈스쿨링

유림이의 일상은 여느 아이들과는 조금 다르다. 다른 아이들은 이미 학교에 갔을 시간, 유림이의 하루는 조금 여유롭다. 충분히 잠을 자고 느긋하게 일어나 동화책을 읽으며 하루를 시작하는 유림이. 그런 유림이가 아침을 먹고 엄마와 향한 곳은 학교가 아닌 동네 도서관이다. 알고 보니 유림이는 학교 대신 집에서 공부하는 홈스쿨링 중이다.

하고 싶은 걸 하는게 중요하다고 생각한다는 유림이 아빠는 유림이가 좀 자유롭게 지내기를 바란다. 그래서 초등학교 입학 대신 홈스쿨링을 결정했다고. 그리고 그런 결정의 중심에는 유림이가 있었다. 무엇보다 아이의 의사를 존중해서다.

어릴 때부터 언어 능력이 뛰어났던 유림이는 26개월때부터 영어에 호기심을 보였다. 유치원에 입학한 5살 무렵에는 영어로 의사소통을 할 정도였다.

그때 유림이가 엄마에게 "나는 영어로 이야기 하고 싶은데, 유치원에는 영어로 이야기 할 사람이 없어요."라고 했단다. 부모는 낙심한 유림이를 무작정 설득할 수 없었다. 이후 유치원을 그만 둔 유림이는 우연히 접한 중국어에 빠져 DVD와 책으로 혼자 중국어 공부를 시작했다. 세계 여러 나라의 책을 읽은 후에는 스페인어와 프랑스어를 배우고 싶어 했다. 이 모든 것은 유림이 스스로 생각하고 결정한, 그야말로 자기주도학습의 결정판이었다. 그렇게 엄마 아빠는 유림이의 선생님이 되었다.

 Tip.2 다양한 외국어를 배우고 싶어하는 유림이의 홈스쿨링은?

요즘 유림이처럼 홈스쿨링 하는 아이들이 많은데요. 이처럼 홈스쿨링은 부모와 아이들의 사이가 좋아질 수도 있고, 맞춤 교육을 할 수 있다는 장점도 있습니다. 그러나 아이에게 적당한 자극을 주고, 그것을 자기 것으로 만들었는지 점검해야 부족한 부분을 채울 수 있습니다. 부모가 다양한 역할을 수행해야하는 어려운 학습법입니다. 그러니 잘 생각하고 선택하는 것이 중요하겠죠?

제2의 장기를 찾기 위한 유림이의 대모험!

홈스쿨링하는 유림이가 가장 좋아하는 것은 뭐니 뭐니 해도 원어민 선생님을 만나는 시간이다. 주 1회 스페인어 회화 수업을 받는 유림이를 보고 스페인어 선생은 그저 놀랍다는 반응이다. 마치 스페인 여자 아이를 만난 것 같다고 한다. 영어와 중국어도 잘하는 것은 물론, 즐기는 정도란다.

엄마 은정 씨는 인터넷에서 교육에 필요한 정보를 얻는다. 특히 유림이의 성장 과정을 꼼꼼히 기록한 블로그 '떼루의 다국어 언스쿨링, 홈스쿨링'을 운영 중인 은정 씨는 블로그에서 외국어 학습에 대한 조언을 듣는다고 한다.

그런데 유림이처럼 똑똑한 아이를 키우는 부모라고 해서 아무 걱정이 없을까. 아이의 생각을 존중해서 하고 싶어 하는 걸 시키지만, 그렇다고 해서 걱정이 없는 것은 아니다.

정말 유림이가 좋아하는 걸까? 스트레스는 없을까? 엄마는 유림이가 말하지 않는 진짜 속마음이 궁금하다. 친구들과 놀고 싶지만 학교는 가기 싫다고 말하는 아이의 속마음은 뭘까?

검사를 진행한 노규식 정신건강전문의는 유림이가 입시 스트레스를 받고 있다고 말한다. "학교 가기가 두려운 거예요. 외국어를 남들보다 못하게 될까 봐."

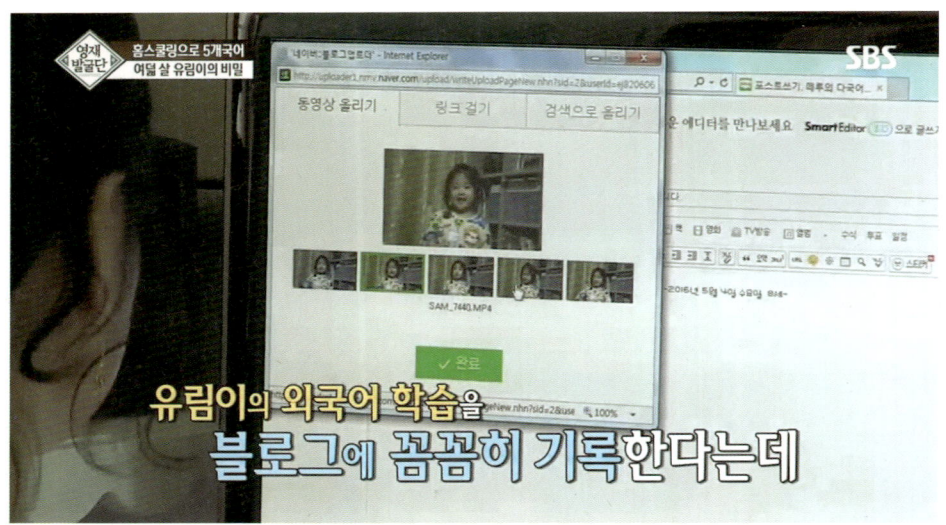

FINDING GENIUS

현재 유림이는 외국어를 남들보다 못할 수 있다는 상황을 받아들이기 힘들어 한다고 설명한다. 학교에 가서 내가 모르는 걸 다른 친구들이 알면 어쩌지, 하는 스트레스를 받고 있다는 것이다.

그렇다면 이러한 스트레스에서 벗어나 유림이가 행복하게 성장하기 위해서는 무엇이 필요한 걸까. 이에 대해 노규식 전문의는 유림이가 잘하는 외국어 능력은 칭찬하되, 잘할 수 있는 또 다른 장기를 찾아 주는 게 필요하다고 조언한다.

그렇게 유림이는 제2의 장기를 찾아서 오늘도 신나게 달린다.

-
외국어로 동화를 만드는 유림이의 이야기를 영상으로 확인하세요!
영재발굴단 제59회(2016년 6월 1일) 방송

-
유림이 엄마의 다양한 이야기를 블로그에서 살펴보세요!
'떼루의 다국어 언스쿨링, 홈스쿨링'
http://blog.naver.com/ej820606

열정의 아이를 소개합니다!

- 이름   송재근
- 나이   만 14세(2017년 기준)
- 특징   영어, 중국어, 스페인어 마스터한 국내 최연소 문화해설사
- 출연   영재발굴단 제19회(2015년 7월 29일)

3개 국어로 **대한민국 알리는** 열세 살 **최연소 문화해설사!**

송재근 군

인디아나 존스 모자에 주황색 반팔티를 멋지게 차려입은 아이가 망설임 없이 외국인에게 말을 건다. 그런데 아이 입에서 튀어나온 언어를 들어보니 한두 개가 아니다. 영어, 중국어, 스페인어까지 자유자재로 구사하며 경복궁에 대해 설명하는 열세 살 '언어 끝판왕' 재근이! 더 놀라운 점은 외국 유학은 고사하고 외국어 학원조차 다니지 않았다는 사실이다.

제집처럼 경복궁 누비는
'3개 국어&역사 마스터'

한 해 수백만 명의 외국인이 찾는다는 서울의 명소, 경복궁. 우리나라 관광의 '핫 플레이스'인 만큼 외국인에게 경복궁을 설명해 주는 문화해설사들이 곳곳에 보인다. 그런데 이때, 다른 문화해설사보다 유독 앳된 실루엣이 눈에 들어온다. 잘못 봤나 싶어 가까이 다가갔더니 역시나, 솜털 뽀송뽀송한 남자아이다.

"여름에 날씨가 더울 때 이곳에 천막을 치고 줄을 고정했어요." 아이가 말한 이 문장은 나이에 비춰 볼 때 당연히 우리나라 말이어야 맞다. 그런데 신기하게도 완벽한 영어 문장이다! 게다가 곁에 있던 관광객이 중국어로 "타고 온 말을 묶어 놓은 곳 아닌가요?"라고 묻자 당황한 기색 하나 없이 "아니에요(不是)"라고 답하며 중국어로 설명을 줄줄 쏟아낸다. 바로 오늘의 주인공인 열세 살 재근이다. 경복궁을 한 바퀴 돌고 숨을 돌리는 재근이에게 다가오는 또 다른 요청의 손길. 언뜻 봐도 남미 쪽 사람인 듯하다. "경복궁에 대해 알고 싶은데, 날 좀 도와줄 수 있겠니?" 재근이는 자신을 멕시코 사람이라고 소개하며 영어로 묻는 관광객에게 흔쾌히 그러겠다고 답한다. 그런데 다음 말이 전혀 예상 밖이다. "멕시코 분이시면 혹시 스페인어 할 줄 아시나요?" 관광객이 놀란 얼굴로 고개를 끄덕이자 스페인어로 자연스럽게 안내를 시작한다. 재근이는 스페인어 실력도 뛰어났다!

3개 국어는 물론, 경복궁 곳곳에 대해 막힘없이 설명할 만큼 역사 지식도 출중한 열세 살 소년 재근이는 알고 보니 국내 최연소 문화해설사란다. 이를 증명하기라도 하듯 아이는 경복궁을 나서는 관광객들에게 노란색 명함을 건넨다. 명함에는 '국제교류문화진흥원 청소년문화단 송재근'이라는 글자가 당당하게 새겨져 있었다.

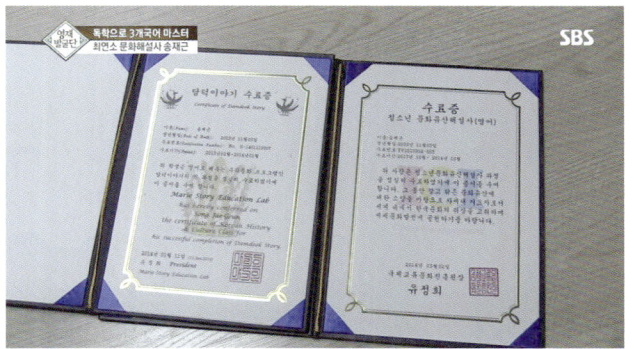

FINDING GENIUS

'A+++ 실력'의 밑바탕, 해외여행과 책 읽기

"넌 내가 본 아이 중에 가장 똑똑해! 'A+++'야!" 재근이와 경복궁 투어를 마친 미국인이 'A' 뒤에 '+'를 세 개나 붙이며 극찬하자, 아이가 빙그레 웃는다. 3개 국어를 마스터한 데 이어 한국사능력검정시험 기준 3급 정도의 역사 지식도 갖췄으니, 관광객들이 이런 반응을 보이는 것도 충분히 이해가 된다. 재근이는 중·고등학생이 대부분인 청소년문화단에서 2년째 활동하며 재능을 꽃피우고 있다. 아이가 이토록 훌륭하게 자랄 수 있었던 비결은 무엇일까? 먼저 재근이의 생활을 알아보기로 했다.

재근이네 집에 들어서자마자 눈에 들어온 건 바로 무더기로 쌓여 있는 책더미들! 거실 벽면은 물론 방에 가득 들어찬 책이 만 권이 넘는다는데, 이 책을 재근이가 모조리 읽었단다.

'언어 끝판왕'답게 영어, 중국어, 스페인어 원서도 손 뻗으면 닿을 곳에 줄줄이 늘어서 있다. 이와 함께 재근이가 즐겨 읽는 분야의 책이 있었으니, 바로 역사책이다. 2년 차 최연소 문화해설사다운 취향이다.

어마어마한 책들에 감탄하고 있던 그때, 아이가 책을 한 권 집어 들더니 콧노래를 흥얼거리면서 소파에 앉는다. 그리고는 곧바로 독서 삼매경에 빠져든다.

확실히 영재들은 책을 좋아하는 모양이다.

독서 이외에 재근이의 언어 실력을 쑥쑥 키워 준 밑바탕이 하나 더 있었으니, 바로 해외여행이다. 재근이 부모는 아이를 학원에 보내는 대신 시간 날 때마다 재근이와 함께 다양한 나라를 탐방했다. 해외여행으로 재근이가 더욱 넓은 시야를 갖기를 원했기 때문이다. 그래서일까. 재근이는 어릴 적부터 외국어에 관심을 보이기 시작했고, 이를 발판 삼아 언어 실력을 키울 수 있었다.

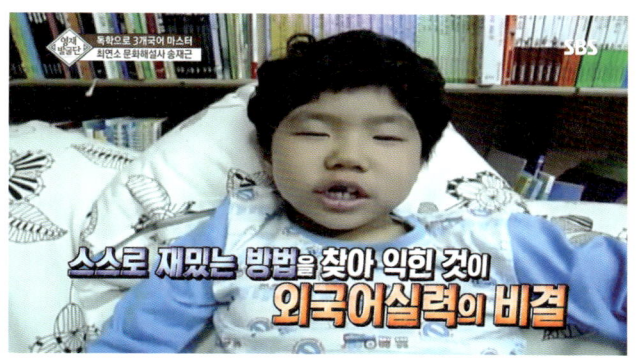

 **Tip.1** 재근이를 키운 두 축, '독서'와 '여행'

외국어 학원 한 번 다닌 적 없는 재근이는 어떻게 3개 국어를 자유자재로 구사할 수 있을까요? 그 초석은 바로 독서와 여행이었어요. 재근이 부모는 남다르고도 확고한 교육관이 있었어요. 맹목적으로 학원에 보내는 대신 아이의 '생각하는 힘'을 키워줄 수 있는 가장 좋은 방법으로 책 사 주기와 해외여행을 택한 것이죠. 덕분에 재근이는 국내 최연소 문화해설사로 활동하며 우리 문화유산을 외국인들에게 소개할 수 있었답니다!

'재근이표 공부법'과 '유튜브'로 태어난 '리틀 외교관'

태교 때부터 꾸준히 외국어를 들려준 덕분일까. 재근이는 말문이 트일 무렵부터 다양한 언어로 말하기 시작했다. 4살 때는 영어책을 읽더니 6살 때부터 중국어를 구사했다. 유치원 때부터 외국인과 프리토킹이 가능할 정도로 그 수준도 상당히 높았다고 한다. 재근이 엄마는 아이가 이런 재능을 의미 있게 쓸 수 있기를 바랐다. 문화해설사 도전이 그 첫 번째 시도. 재근이도 엄마의 의중을 이해하고는 언어와 역사를 열심히 공부해 기어코 최연소 문화해설사라는 타이틀을 얻고야 말았다. 엄마의 대승적인 안목과 재근이의 뛰어난 언어 실력이 만들어 낸 유의미한 결과다.

재근이의 외국어 실력은 어느 수준일까? 이를 알아보기 위해 재근이 앞에 2014년도 대학수학능력 영어 영역 문제지를 내밀었다. 살짝 당황한 기색을 보이던 재근이가 마음을 굳힌 듯 이내 펜을 잡는다.

그런데 예상외로 듣기 평가부터 객관식 문제까지 술술 풀더니 종료 13분을 남기고 답안지를 제출했다. 결과는 100점 만점에 94점! 당시 수험생 영어 영역 평균 점수가 60점대 초반이었으니, 그야말로 놀랄 노 자다.

그렇다면 제2외국어 영역인 중국어 시험 결과는? 50점 만점에 43점! 재근이가

두 손을 번쩍 들어올리며 함박웃음을 짓는다. 재근이의 언어 공부법은 과연 무엇일까? 답은 두 가지, '자기에게 맞는 공부법'과 '유튜브 동영상'이었다.

재근이는 공부할 때 책과 영상 매체를 많이 활용한다. 문화해설사로 활동하면서 외국인들과 교환한 연락처를 SNS에 입력해 시간 날 때마다 화상 채팅을 즐기는가 하면, 다양한 유튜브 동영상을 시청하며 재미있게 공부한다. 요즘 독학으로 공부하는 아랍어도 주로 유튜브 동영상으로 익히고 있다.

"다양한 외국어로 우리나라 문화유산을 널리 알리고, 반대로 세계 역사와 문화도 배우고 싶다"라며 오늘도 외국인에게 스스럼없이 다가가는 재근이. '리틀 외교관'으로서의 활동이 앞으로도 계속되길 기대한다.

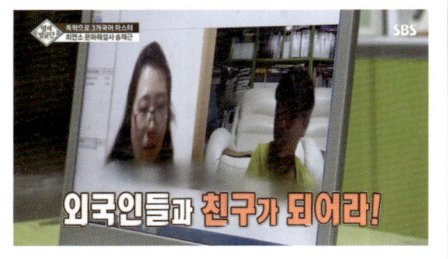

Tip.2 '재근이표 공부법'과 '유튜브 동영상'으로 독학했어요!

재근이는 스스로 재미있어하는 방법을 찾아 언어를 독학했어요. 영어와 스페인어의 어원이 그리스어와 라틴어라는 점에 착안해 이른바 '연상 기억법'으로 단어를 외웠어요. 그런가 하면 중국어에는 성조가 있다는 점을 파악하고 음악을 배운다는 느낌으로 말을 익혔죠. 마지막으로 유튜브 동영상을 검색하면서 부족한 점을 채우면 외국어 공부 끝! 어때요, 어렵지 않죠?

- '3개 국어 하는 리틀 외교관' 재근이의 이야기를 영상으로 확인하세요!
  영재발굴단 제19회(2015년 7월 29일) 방송

열정의 아이를 소개합니다!

- **이름** 김이준
- **나이** 만 4세(2017년 기준)
- **특징** 영어, 중국어, 천자문을 읽고 말하는 27개월 언어 영재
- **출연** 영재발굴단 제17회(2015년 7월 15일) / 영재발굴단 제37회(2015년 12월 16일)

영어와 중국어 술술 말하는
27개월 '언어 슈퍼 베이비'

김이준 군

2013년 3월생, 만으로 27개월밖에 안 된 아이가
영어와 중국어를 입에 달고 산다? 이 사실만 해도 믿기지 않는데,
심지어 천자문까지 척척 읽는 이준이!
고작 14개월 때 알파벳을 뗀 이후 한 번 알려 준 언어는
마치 복사기처럼 그대로 외워 버린다는데,
과연 무엇이 이준이를 '언어 슈퍼 베이비'로 만든 것일까?

발음은 어설퍼도
실력만큼은 진짜!

"기초 수준의 영어책은 거의 다 읽고요. 중국어로 숫자도 셀 줄 알고, 한자도 금방금방 외워요." 엄마의 소개말을 들으며 어느 정도 큰 아이가 나타날 거라 예상했다. 그런데 전혀 아니었다. 기저귀 찬 아이가 엄마 손을 꼭 잡고 아장아장 걸어 나온다. 어안이 벙벙해 있으려니 엄마가 흐뭇한 표정을 지으며 말한다. "이준이는 이제 막 27개월됐어요. 놀라셨죠?"

이준이는 자타 공인 '언어 복사기'다. 엄마가 서너 번만 알려주면 곧바로 단어를 읽는다. 펜조차 마음대로 못 놀리는 어린 아이가 외국어를 말한다니! 믿기지 않던 그때, 이준이 엄마가 계산기를 들고 오더니 아이 앞에 내밀며 말한다. "이준아, 트웬티 나인(Twenty-nine)." 말을 들은 이준이가 자그마한 손가락을 빠르게 움직인다. 그리고 계산기 화면에 새겨진 두 자리 숫자, 29.

"잘했어요, 아들! 두 유 라이크 마미(Do you like mommy)?" 아이가 엄마의 칭찬에 천진난만하게 미소 지으며 대답한다. "예스, 아이 두(Yes, I do)!" 이준이는 대여섯 살 아이도 하기 힘든 영어를 구사하고 있었다.

원어민처럼 영어를 듣고 말한 이준이가 거실 한편으로 달려간다. 아이가 제일 좋아하는 블록 쌓기 놀이 시간. 이준이가 블록 한쪽에 써있는 숫자 순서에 맞게 블록을 쌓아 간다. 아이가 영어로 블록 수를 1부터 20까지 막힘없이 세자 엄마가 질문 하나를 던진다.

"중국어로도 셀 수 있어요?" 설마 하던 그때, 아이가 입을 연다. "이, 얼, 싼, 쓰… 지우, 쓰!" 이번에는 감탄할 틈조차 주지 않고 천자문 책을 책상 위에 펼쳐 놓는 이준이. "하늘 천, 땅 지, 검을 현…" 맨 앞의 쉬운 한자부터 뒤쪽의 어른들도 모르는 한자까지 읽는다! 혹시 순서대로만 읽을 수 있는 건 아닐까?

궁금증이 도져 단어 카드에서 '秋'를 뽑아 보여주니 망설임 없이 외친다.

"가을 추!" 어린아이인 만큼 발음은 조금 어설펐지만, 이준이의 영어·중국어·한자 실력만큼은 능숙했다.

한글 싫어하는 언어 영재?
이유는 바로 '엄마의 칭찬'

이준이가 언어에 두각을 보인 시기는 언제일까? 놀랍게도 돌이 갓 지난 14개월 무렵부터였다. 당시 이준이는 신기하게도 엄마가 'A'라고 하면 'A'를, 'B'라고 하면 'B'를 가리켰다. 말도 못하는 아이가 알파벳부터 먼저 익히기 시작했다. 곧 A부터 Z까지 모든 알파벳을 익힌 이준이는 본격적으로 영어 삼매경에 빠져들었다. 단어부터 읽기 시작하더니, 어디서 배웠는지 가르쳐 주지 않은 영어 문장을 쭉쭉 읽어 내려갔다.

그런가 하면 중국어는 아빠 덕분에 익혔다. 아니, 아빠가 하는 중국어를 스스로 공부했다고 말해야 옳을 것 같다. 고작 18개월 산 아이가 스치듯 서너 번만 읽어 줬는데도 중국어를 자연스럽게 읽을 수 있게 됐으니. 한편 천자문을 외우게 된 계기는 엄마의 호기심이었다. '아이가 영어와 중국어를 좋아하니 한자도 재미있어 하지 않을까?'라고 생각한 이준이 엄마가 천자문 책을 슬그머니 보여줬던 것. 역시나 아이는 즐겁게 웃으며 천자문을 뗐다. 이준이의 뛰어난 언어 재능이 증명된 순간이었다.

아이는 믿을 수 없는 언어 습득력으로 엄마 아빠를 웃게 만들었다. 하지만 한편으로는 걱정되는 점도 있다는데, 바로 이준이가 한글에 흥미를 보이지 않아서다.

영어책을 반기던 모습은 온데간데없고, 한글 동화책을 보여주면 도무지 집중하지 못한다. 고심 끝에 이준이의 발달 상태와 부모 양육 태도 검사를 같이 해보았다. 그 결과 이준이는 인지 영역이 유난히 뛰어난 것으로 나타났다.

하지만 의외로 좋지 않은 결과도 함께 나왔다. 바로 언어 영역이 '하' 수준으로 판명 난 것! 영어, 중국어, 천자문까지 줄줄 읽는 이준이에게 도대체 무슨 일이 있었던 것일까? 알고 보니 엄마의 '과한 칭찬'이 문제였다.

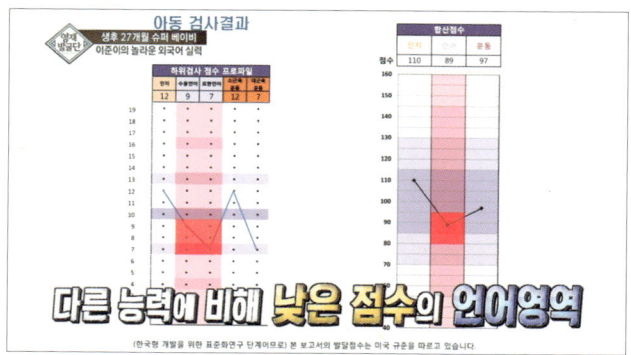

Tip.1 과도한 칭찬은 오히려 '독'이 된다!

부모 양육 태도 검사 결과 이준이 엄마는 지지 표현 영역에서 98%를 받은 반면, 처벌 영역에서는 0%를 얻었어요. 엄마는 이준이가 한글을 잘못 읽었을 때도 격려를 아끼지 않았어요. 아이를 위하는 일이라고 생각했던 '무조건적인 칭찬'이 오히려 아이에게 안 좋은 영향을 끼친 거죠. 적절한 칭찬과 온당한 훈육이 조화를 이뤄야 아이가 올바르게 자랄 수 있답니다!

균형 잡힌 발달의 두 날개,
'엄마의 노력'과 '유튜브 동영상'

4개월 후, 이준이네를 다시 찾았다. 검사 직후 이준이는 엄마와 본격적으로 한글 공부를 시작했다. 예전과는 다르게 필요 이상으로 칭찬하기보다는 이준이가 한글에 관심을 보이도록 다양한 방법을 활용했다고 하는데 과연 31개월 된 이준이는 어떤 모습일지 자못 궁금했다.

"별!" 이준이가 단어 카드를 보고 외쳤다. 분명 한글로 쓰여 있는데, 전과는 다르게

흥미를 보인다. 뿐만 아니라 한글 동화책도 막힘없이 읽는다. 게다가 색연필로 한글을 쓰기까지! 그야말로 장족의 발전이다.

"동화책을 읽어 주면서 역할 놀이를 많이 했어요. 그리고 평상시에 되도록 우리나라 말로 대화하려고 신경 썼죠. 그랬더니 금세 한글 실력이 늘더라고요."

이준이 발달 상태를 좀 더 정확하게 알기 위해 상담센터를 다시 찾았다. 놀랍게도 '하'였던 이준이의 언어 영역 점수가 평균으로 올랐다.

"네 달 만에 이렇게 수준이 올라오기는 쉽지 않은데, 엄마가 많이 노력하셨네요."

이준이 엄마가 상담사의 말에 눈시울을 붉힌다.

"저 때문에 아이가 잘못된 것 같아 미안했는데 이제야 마음 놓고 웃을 수 있겠어요!"

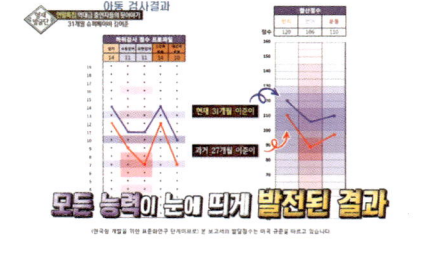

엄마의 노력이 빛을 발했기 때문일까. 이준이는 언어 외 다른 분야에도 두각을 보이고 있다. 최대 관심사는 바로 숫자다. 아이는 요즘 태블릿 PC로 숫자와 관련된 동영상을 찾아보는 데 푹 빠졌다. 유튜브 검색창에 직접 'Number song'을 입력하고, 스스로 숫자 동영상을 찾아 공부한다. 유튜브 동영상이 언어에만 관심 있었던 이준이의 시야를 넓혀준 셈이다. 그래서인지 시계도 볼 줄 알고, 간단하게나마 덧셈, 뺄셈도 할 수 있게 됐다고. 게다가 기억력까지 비약적으로 좋아졌다고 하니 이보다 더 좋을 수 없다. 천부적인 재능과 엄마의 노력을 날개 삼은 이준이가 더 넓은 하늘을 향해 비상할 수 있기를 기대한다.

 **TIP.2 유튜브 동영상으로 아이의 시야를 넓혀라!**

엄마의 노력 외에도 이준이가 균형있게 발달하는 데 큰 도움을 준 존재가 있었으니, 바로 유튜브 동영상이에요. 유튜브에서는 다양한 키즈 채널을 운영해 아이가 '생각의 그릇'을 한층 키워 나갈 수 있게 도와준답니다. 오늘부터 아이와 같이 여러 분야의 키즈 동영상을 시청해 보세요!

- 27개월 언어 슈퍼 베이비 이준이의 이야기를 영상으로 확인하세요!
  영재발굴단 제17회(2015년 7월 15일) / 제37회(2015년 12월 16일) 방송

[김이준]

열정의 아이를 소개합니다!

- 이름   고태윤(Tommy)
- 나이   만 9세(2017년 기준)
- 특징   영어를 모국어처럼 자유자재로 구사
- 출연   영재발굴단 제79회(2016년 10월 26일)

자막 없이 '미드' 즐기는
아홉 살 '영어 슈퍼파워'

고태윤 군

요즘 미국 드라마로 영어를 공부하는 사람들이 늘고 있다.
하지만 우리나라 꼬마가 그중 한 명이라면? 더군다나 자막 없이도
배우들의 뉘앙스, 제스처, 농담 등을 모두 이해하고 드라마 내용에
푹 빠져든다면? 미국 드라마를 즐기는 것을 넘어 일상에서
영어로 말한다면? 믿기지 않겠지만 엄연한 사실이다.
아홉 살 '영어 슈퍼파워' 태윤이 이야기다.

모든 공부는 영어 원서로!
대화는 미드 속 배우처럼!

태윤이의 일과는 오전 10시에 시작한다. 또래 친구들은 학교에 가 있을 시간인데도 태윤이가 집에 머물러 있는 이유는 학교에 다니지 않고 집에서 공부하는 '홈스쿨링' 때문. 아침을 먹은 태윤이가 곧바로 태블릿 PC를 집어 들더니 거실 한가운데 턱 놓는다. 플레이 버튼을 누르자 미국 드라마(이하 미드)가 재생된다. 태윤이는 아빠가 신문을 보듯 아침마다 미드를 꼭 한 편씩 본다. 그런데 당연히 있어야 할 한국어 자막이 없다! 그런데도 태윤이는 영상을 이해하고는 웃고, 찡그리고, 재미있어 한다.

"타미(Tommy), 5분 후에 공부하자!" 태윤이가 엄마 말에 태블릿 PC를 끄고 방으로 들어간다. 그리고 자막 없이 미드를 즐기는 실력자답게 영어 원서 교재를 이리저리 살펴본다. "오늘은 동물과 우주에 대해서 공부할 거야. 태윤이가 잘 읽고 엄마 질문에 답해야 해." 엄마가 지식을 알려주는 대신 스스로 책을 읽고 공부하는 것이 태윤이네 홈스쿨링의 특징이다.

고개를 끄덕인 태윤이가 책에 있는 영어 문장을 술술 읽는다. 50분이 지난 뒤, 엄마가 질문하자 태윤이가 영어로 답한다. 되짚어 보니 태윤이는 잠에서 깬 뒤 지금까지 주로 영어를 쓰고 있었다. 그것도 원어민 수준으로 아주 유창하게 말이다.

이처럼 태윤이는 엄청난 영어 실력을 무기 삼아 전국의 내로라하는 영어 말하기 대회에서 상을 휩쓸다시피 하고 있다. 이를 증명이라도 하듯 태윤이네 거실 한편에는 영어 말하기 대회에서 받은 트로피와 상장이 테이블 한가득이다. 이 정도면 태윤이를 '영어 슈퍼파워'라 불러도 괜찮지 않을까?

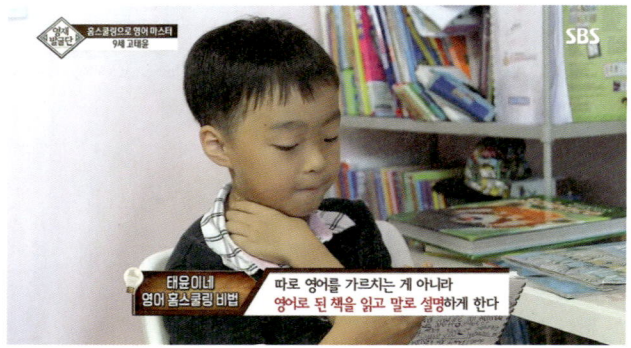

원어민을 친구 삼은
'속사포 영어 래퍼'

태윤이의 정확한 영어 실력을 알아보기 위해 찾아간 한 영어 학원. 원어민 강사가 등장하자 마치 친구를 만난 듯 배시시 웃는다. "오늘 날씨는 어떠니?" 강사 질문에 태윤이가 미국 래퍼처럼 속사포 대답을 쏟아낸다. "비가 좀 와요. 저는 비 오는 날을 싫어해요. 신발에 물이 들어와서 양말이 축축하게 젖거든요. 그리고 추워서 몸을 부들부들 떨어야 하고요. 또…" 태윤이가 긴 대답을 마친 뒤 강사가 다른

질문을 하려 하자, 아이가 대뜸 외친다. "세상에서 제일 어려운 질문을 해 주세요!" 이것도 모자라 이제는 아예 다양한 질문을 던진다. 누가 원어민인지 헷갈릴 정도다. 대화를 마친 외국인 강사마저 혀를 내두른다. "아이가 영어를 굉장히 잘하네요. 그런데 이보다 더 놀라운 점은 행동 방식과 말하는 태도가 원어민을 꼭 빼닮았다는 거예요. 적어도 영어에 있어서만큼은 특별한 아이인 건 분명합니다."

20개월 무렵부터 태윤이 곁에는 항상 영어가 있었다. 영어 노래 리듬에 맞춰 첫 걸음마를 뗐고, 생애 처음 흥얼거린 노래 가사도 영어였다. 본격적으로 말문이 트인 다섯 살때부터는 대부분의 일상 대화를 영어로 했다. 해외 경험이라고는 5일간의 필리핀 관광뿐이라는 태윤이가 이토록 영어와 가까이 지낼 수 있었던 배경에는 바로 부모의 남다른 노력이 깔려 있다.

Tip.1 일상에서 영어를 접하게 하세요!

태윤이 부모는 아들이 영어와 쉽고 빠르게 친해질 수 있도록 이른바 '영어 세상'을 만들어 줬어요. 마치 백색 소음처럼 하루에 7~8시간씩 꾸준히 영어를 들려줬고 한글 책 대신 영어 동화책을 태윤이 손에 쥐어 줬죠. 부모의 뜨거운 열정 덕분에 태윤이는 다른 아이들에 비해 월등히 높은 영어 실력을 쌓을 수 있었답니다!

FINDING GENIUS

'학습 균형'으로
'아이와 가족의 행복' 되찾다!

태윤이는 모든 학습을 영어 위주로 맞추다 보니 자연스럽게 영어 실력이 좋아졌다. 그러나 요즘에는 부작용이 하나둘 나타나기 시작했다. 주로 영어를 쓰다 보니 아이들과 어울리기 힘들어한다. 또 영어 일변도인 대화 습관 때문에 가족과의 소통이 제대로 이뤄지지 않고 있다. 가장 심각한 점은 태윤이가 한글 공부를 피한다는 사실! "저한테는 영어가 더 편해요. 한글 공부는 재미없고 어려워요." 토종 한국인 태윤이에게 한국어가 제2외국어가 된 아이러니한 상황이다. 혹시 태윤이가 과도한 영어 공부로 한국어를 싫어하게 된 건 아닐까? 근심이 깊어진 태윤이 부모가 아이를 데리고 노규식 정신건강전문의를 찾아갔다.

태윤이에게 영어를 '공부'가 아닌 '놀이'로 인식시키고 싶었다는 부모의 말에 노규식 전문의는 고개를 끄덕였다. 그 취지에는 공감한다는 뜻이다. 하지만 태윤이의 경우에는 모든 측면이 영어 쪽으로 너무 치우쳐져 문제가 생겼다는 게 노규식 전문의의 설명이다. "사실 이중언어는 사고력을 높이고 두뇌를 조직적으로 쓸 수 있게 하는 데 큰 도움이 됩니다. 하지만 태윤이는 영어만 구사하려고 하는 상태예요." 태윤이의 불균형은 검사 결과에서도 쉽게 살펴볼 수 있었다. 언어이해능력은 평균 수준인 데 반해 학습의 기본이 되는 작업기억능력과 처리속도 수치가

상대적으로 낮게 나왔다.

"이제부터는 한글 공부와 생각하는 힘을 길러주는 교육을 병행하는 게 중요합니다. 아이가 영어를 잘하는 만큼 이를 회복할 능력은 충분하다고 봅니다."

상담 이후 태윤이네 풍경은 꽤 많이 달라졌다. 부모는 아이에게 끊임없이 한글을 알려주었고, 태윤이는 어눌하게나마 이를 따라하려고 애썼다. 가족이 소통하자 집안에 웃음꽃이 활짝 피었다. 곧 학교에도 다시 나갈 계획이다.

"이제는 한글 공부가 재미있어요! 앞으로 더 노력해서 한국어와 영어도 잘하고 친구들과도 즐겁게 지낼 거예요!" 아이의 굳은 다짐이 방안을 쩌렁쩌렁 울렸다. 엄마 아빠의 든든한 지지와 격려는 아이의 성장에 주춧돌이 될 것이다.

Tip.2 영어 공부만큼 중요한 '학습 균형'

태윤이는 어릴 적부터 영어를 접해 왔기 때문에 뛰어난 영어 실력을 쌓을 수 있었어요. 하지만 그에 비해 생각하는 힘, 사회성, 특히 한국어 구사 능력이 상당히 떨어졌죠. 영어 공부만큼 중요한 것이 학습 균형이랍니다. 아이가 다양한 분야에 흥미를 가지고 학습할 수 있도록 '열린 환경'을 만들어 주세요!

- '영어 슈퍼파워' 태윤이의 이야기를 영상으로 확인하세요!
영재발굴단 제79회(2016년 10월 26일) 방송

〔 고태윤 〕

열정의 아이를 소개합니다!

- 이 름   안세윤
- 나 이   만 8세(2017년 기준)
- 특 징   영어와 중국어를 모국어처럼 구사
- 출 연   영재발굴단 제77회(2016년 10월 12일)

타고난 재능에 노력까지 더한 '팔방미인'

안세윤 양

영어와 중국어는 모국어처럼, 바이올린과 발레는 전공을
권유 받을 정도인 세윤이는 뭐든 배웠다 하면 '잘한다'는 이야기를 듣는다.
배우는 속도가 남달라 가르치는 선생도, 지켜보는 엄마도
그저 흐뭇하기만 하다. 일주일에 학원 11개,
강남 대치동을 누비면서도 "배우는 게 재밌어요"라며
해맑게 웃는 세윤이의 공부 비결은 무엇일까.

배운 것을 스폰지처럼 흡수하는 '끼 많은 영재'

아이에게는 저마다의 속도가 있다고 한다. 유난히 느린 아이가 있는가 하면, 뭐든 빨리 배우는 아이도 있다. 그중에서도 세윤이는 빨리 배우는 아이에 속한다. 뭐든 또래보다 빨랐던 세윤이는 말문도 빨리 트이더니, 엄마가 뭘 가르쳐 주기만 하면 이내 그걸 자기 것으로 만들어 냈다. 그러다 보니 남들은 한 개도 갖기 어려운 특기가 무려 4개가 넘는다. 그 중에서도 바이올린과 발레는 타고난 재능을 인정받아 세윤이가 원하기만 한다면 전공도 가능하단다. 누구나 부러워하는 외국어 실력은 또 어떤가. 영어는 기본, 중국어도 막힘이 없다. 그야말로 모든 선생이 탐을 내는 아이, 그게 바로 세윤이다. '다재다능'이라는 말은 마치 세윤이를 위한 맞춤 단어인 것 같다. 여기에 세윤이의 지능은 IQ 142, 상위 0.3%에 들 정도로 우수하다.

이처럼 세윤이는 배우겠다고 마음만 먹으면 이내 자기 재능으로 승화시키는 '재능계의 미다스'라 하겠다. 그러나 영재에게도 남모를 고충이 있는 법이다. 에디슨도 말하지 않았던가, 1%의 영감과 99%의 노력에 대해.

아홉 살 세윤이의 본격적인 하루는 방과 후부터 시작한다. 월요일부터 토요일까지 글짓기, 영어, 수학, 중국어, 한자, 한국사, 미술 등 11개 학원을 다니는 세윤이는 하루에 2곳은 기본, 많은 날은 3곳까지 학원을 간다. 재능이 있는데 그 재능을 방치할 수는 없는 법이다. 세윤이는 쉴 틈 없이 빡빡한 스케줄 속에서도 친구들과 경쟁하듯 공부하는 게 재밌단다.

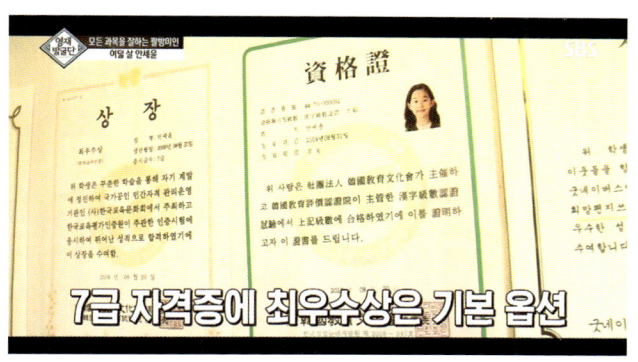

Tip.1 세윤이의 적성을 찾아 주기 위한 엄마의 열정

어려서부터 또래보다 발달이 빨랐던 세윤이를 위해 엄마 현선 씨는 세윤이에게 꼭 맞는 적성을 찾아주려고 노력했습니다. 다행히 호기심이 많았던 세윤이는 배우기를 좋아했죠. 아이에게 딱 맞는 하나의 재능을 찾기위해 노력한 엄마 덕분에 세윤이는 외국어는 물론 바이올린, 발레, 미술까지 다재다능한 팔방미인이 되었답니다.

보석 같은 아이를
더 빛나게 하는 '엄마의 노력'

웬만한 연예인보다 더 바쁜 세윤이 옆에는 늘 엄마 현선 씨가 있다. 엄마는 아이의 공부를 도와주는 학습 매니저가 되기도 하고, 때로는 학원까지 데려다 주는 운전 기사가 되기도 한다. 그야말로 1인 다역이다. 엄마의 생활은 당연히 세윤이에게 맞춰져 있다. 아이를 위해 어느 것 하나 허투루 할 수 없다는 현선 씨는 세윤이의 모든 일상을 함께 하며 곁을 지키고 있었다.

그런 현선 씨가 바라는 것은 세상의 모든 엄마들이 그렇듯, 세윤이에게 좋은 엄마가 되는 것이다. 그러기 위해 세윤이에게 꼭 맞는 적성을 찾아주고 싶다. 세윤이를 위한 지름길을 알려주고 싶은 것이다. 그렇다 보니 가끔은 주변의 칭찬이 오히려 부담이 되기도 한다. 아이가 재능도 많고 정말 잘하는데 엄마가 그걸 찾아주지 못하면 어쩌지 하는 걱정 때문이다. 세윤이를 위한 더 좋은 방법이 있는데 놓치는 건 아닌가 싶어 늘 불안하고 걱정된다는 현선 씨. 그래서 세윤이 친구 엄마들을 만나 최근 학습 트렌드를 듣거나 교육 컨설턴트를 만나 세윤이에게 필요한 공부가 무엇인지 상담받는다.

그러나 모든 사람이 현선 씨의 노력을 지지해 주는 것은 아니라고 한다. 먼저 세윤이 아빠 은수 씨는 바쁜 딸이 조금 놀았으면 한다. 아이가 어릴 때 너무 열심히 공부하다 나중에 싫증나서 하기 싫어하지는 않을까 걱정이 되기 때문이다. 그래서 가끔은 엄마와 아빠 사이에 보이지 않는 신경전이 오가기도 한다. 다음으로 세윤이의 외할머니. 알고 보니 외할머니는 원조 매니저였다고. 그 엄마에 그 딸인 셈이다. 그런 외할머니도 현선 씨를 향해 "어휴, 좀 있다가 시켜라!"라고 할 정도다. 외할머니는 다재다능한 면보다는 한 분야에서 뛰어난 특기가 필요하다고 조언한다.

Tip.2 '학습 균형'의 중요성 알려준 교육 컨설팅

세윤 엄마는 아이에게 필요한 교육이 무엇인지 알아보기 위해 교육 컨설팅을 받았어요. 교육 컨설턴트는 객관적인 지능검사를 토대로 '자극을 많이 받는 공부'가 필요하다고 지적했어요. 수학을 공부하더라도 연산 수학뿐만 아니라 사고력과 창의력을 길러줄 수 있는 교구 수학이 필요하다는 것이죠. 또한 세윤이에게 학습 우선순위를 정해줄 것을 권유했어요. 덕분에 현선 씨는 '학습 균형'의 중요성을 알게 되었답니다.

팔방미인 세윤이도
사실은 힘들다?!

그렇게 집, 학교, 학원을 다니며 바쁜 나날을 보내는 세윤이는 늘 시간에 쫓기는 아이가 되었다. 학교 갔다, 학원 다녀와서는 그날 해야 하는 분량의 공부가 있고, 숙제가 있다. 밥도 빨리 먹어야 한다. 시간이 부족하기 때문이다. 그런 세윤이를 볼 때면 엄마도 안쓰러운 마음이 든다. 그러나 한번 놓치면 그만큼 밀리는 걸 누구보다 엄마가 더 잘 알기에 세윤이에게 엄할 수 밖에 없다. 그런 세윤이가

어렵게 한 마디 건넨다. "엄마, 나 언제 놀 수 있어?" 그러나 돌아오는 건 엄마의 단호함이다. 결국 세윤이는 자기 방에 들어가 공부하며 울음을 터트린다. 엄마가 자기를 얼마나 사랑하는지 알지만, 그래도 아홉 살 세윤이가 이 모든 상황을 받아들이긴 쉽지 않다. 배우는 즐거움으로 시작했지만 놀 시간도 없이 숨가쁘게 돌아가는 일상이 지속된다면 때로는 휴식이 절실해진다.

이에 대해 이수현 임상심리사는 "처음에 호기심과 즐거움과 행복을 위해서 시작했을지언정 지금은 엄마에게 칭찬받기 위해서, 그리고 관심과 인정을 받기 위해서 공부하는 것일 수 있어요."라며 지금의 세윤이에게는 엄마가 더 필요하다고 이야기한다. 그러면서 보석 같은 아이 세윤이를 위해 학원을 정리해야 할 때라고 설명한다. 심리사의 조언을 받아들여 아이가 원하는 대로 수학과 한국사 학원을 끊자 세윤이는 예전의 그 웃음 많은 아이의 모습을 되찾았다. 바이올리니스트와 발레리나가 되고 싶다는 세윤이를 힘껏 응원한다.

- '팔방미인 재능 부자' 세윤이의 이야기를 영상으로 확인하세요!
영재발굴단 제77회(2016년 10월 12일) 방송

열정의 아이를 소개합니다!

이름 이진오
나이 만 5세(2017년 기준)
특징 알파벳 몇 번 알려준 것만으로 스스로 영어를 익힘
출연 영재발굴단 제30회(2015년 10월 14일) / 제78회(2016년 10월 19일) / 제79회(2016년 10월 26일)

미운 네 살? No!
영어 잘하는 네 살!

이진오 군

"자나 깨나 알파벳만 찾는다니까요!"
진오 부모는 딱히 영어를 가르치려고 하지 않았다.
단지 아이가 알파벳에 관심을 보이기에 순서를 몇 번 알려줬을 따름이다.
그런데 네 살이 되자 진오는 영어를 스스로 읽고 쓰거니와
스페인어에까지 재미를 붙이게 됐다고.
엄마 아빠는 그런 진오가 신기할 따름이다.

글씨는 삐뚤빼뚤해도 영어만큼은 척척박사!

네 살 무렵 아이를 키우는 엄마들이 하나같이 하는 말이 있다. "미운 네 살!" 하지만 진오 어머니에게 네 살배기 아들은 '영어 잘하는 기특한 네 살'이다. 어스름이 짙게 깔린 늦은 저녁, 잘 시간이 가까워 오는데도 진오 눈빛은 여전히 초롱초롱하다. "엄마, 이번에는 색칠 놀이 해볼까?" 엄마가 어쩔 수 없다는 듯 미소 지으며 진오 옆에 앉는다. 진오 손에는 어느새 색연필이 쥐여 있다. 책상에 엎드린 자세로 뭔가를 열심히 그리는 진오. 엄마가 무슨 그림인지 알겠다는 듯 고개를 끄덕이더니 이내 아들에게 질문을 건넨다. "진오야, 얘 이름은 뭐야?" 그러자 진오가 신나서 외친다. "새턴(Saturn)!" 토성이라고? 가만히 보니 띠를 하나 두른 게 영락없는 토성 맞다. 그런데 그림 실력보다 더 놀라운 점은 진오가 토성의 영어 발음을 정확하게 알고 있다는 사실! 그것도 모자라 그림 옆에 스펠링을 쓴다. 삐뚤빼뚤 아이 글씨지만 스펠링만큼은 한 치 오차가 없다.

다음날 아침, 진오가 일어나자마자 영어 단어 카드를 들고 엄마에게 다가간다. 엄마가 꽃 그림을 펼치자 "플라워!"하더니 고사리손으로 스펠링을 정확하게 쓴다. 단어 카드 놀이가 끝난 뒤 아이는 무언가를 적더니 대문자와 소문자 선 잇기 문제를 만든다. "잘 봐!" 자신만만하게 말한 진오가 같은 대문자와 소문자를 정확하게 선으로 잇는다. "할 수 있겠지?" 아이는 마치 영어 선생님이라도 되는 듯 엄마에게 묻는다. 스스로 문제를 만들고 풀만큼 영어 실력과 창의력이 뛰어난 아이를 바라보며, 엄마가 고개를 끄덕인다. 아들을 향한 자랑스러움이 엄마 표정에 가득 묻어 있다.

영어에 스페인어까지?
'언어 정복왕' 진오!

진오는 아기 때부터 특별했다. 장난감 들기도 벅찬 나이인 돌 무렵부터 A, B, C를 들고 다녔다. 워낙 알파벳에 대한 애착이 강하다 보니 돌잔치에도 가져갔을 정도다. 이후에도 어디를 가든 진오 곁에는 항상 알파벳이 함께 했다. 알파벳 순서를 궁금해하기에 A부터 Z까지 몇 번 알려준 것뿐이다. 그랬더니 알파벳을 외우고, 단어를 읽고, 스펠링을 썼다는 진오. 어느 순간 진오는 또래들 사이에서 '영어왕'

으로 통하고 있었다.

진오는 요즘도 틈만 나면 알파벳 학습판 앞에 서서 움직일 줄 모른다. 그런데 알파벳을 읽는 진오의 목소리를 가만히 들어보니 평소와는 사뭇 다르다. A를 '아'로, B를 '베'로, C를 '쎄'로 읽는다. 어리둥절한 표정을 짓고 있으려니 진오 엄마가 웃으며 말한다. 진오가 요즘 영어뿐만 아니라 스페인어에도 관심을 보이고 있다는 것이다. 영어에 이어 스페인어까지 정복하려고 발을 뗀 진오를 바라보며, 엄마에게 그 비결을 묻지 않을 수 없었다.

"저는 진오가 보통 아이들처럼 좋아하는 걸 하게 하면서 행복한 아이로 키우려고 해요. 그런데 진오가 좋아하는 게 언어였을 따름이죠. 주변에서 진오를 보고 정말 신기하다는 말씀을 많이 하시는데요. 사실 엄마인 저도 아이가 신기하다니까요."

Tip.1 아이가 좋아하는 것을 자주 접하게 하세요!

진오 엄마 은정 씨는 아이가 알파벳을 매우 좋아한다는 사실을 알고 알파벳 순서를 알려주고 영어 교보재를 마련해 주는 등 진오가 좋아하는 영어를 자주 접할 수 있게 해 줬어요. 아이가 좋아하는 것을 자주 접하면 진오처럼 그 분야 영재로 자라날 가능성이 한결 높아진답니다!

 이진오

FINDING GENIUS

칭찬은 네 살을
영재로 기르는 묘약!

엄마가 이야기하는 비결로는 2% 부족하게 느꼈다. 그래서 진오의 발달 검사를 진행하기로 했다. 이와 더불어 부모 양육 태도 검사도 함께 실시했다. 손정선 아동행동발달전문가는 검사 결과를 말하기에 앞서 네 살 아이들의 특성에 대해 상세하게 설명했다.

그렇다면 다른 네 살과 비교되는 진오만의 특성은 무엇일까? 손정선 아동전문가는

[이진오]

진오가 인지·언어·운동 검사 영역에서 평균 이상의 고른 발달을 보이고 있다고 말했다. "어린이집 선생님이신 진오 어머니의 직업이 진오에게 도움이 된 것 같아요. 아이가 어떤 일을 벌이든 중립적이고 침착하게 반응했기에 모든 영역이 고루 자랄 수 있었다고 봅니다."

다만 손정선 아동전문가는 아쉬운 점 하나를 꼽았는데, 바로 '엄마 아빠의 적극적인 반응'이다. 아이가 잘하는 점을 좀 더 지지해 주고, 이에 관한 설명과 이야기를 곁들인다면 진오가 더욱 자신감 넘치는 아이로 커 나갈 수 있다는 것이다. 조언을 들은 진오 부모는 앞으로 아들의 모든 행동을 좀 더 칭찬해 주기로 마음을 모았다.

Tip.2 엄마가 생각해야 할 네 살 아이들의 특성

네 살은 아기에서 어린이로 발돋움하는 나이예요. 사회 규칙, 또래 관계 등을 배우고 표현할 나이죠. 또 보고 접하는 것들이 이전과는 달라 보이는 나이이기도 해요. 그래서 재미있고 신기한 것들에 더 관심을 보이고, 그 분야의 능력이 보다 발달합니다. 그렇다 보니 이전보다 활발하게 활동할 가능성이 높죠. 따라서 부모는 이런 특성에 맞춰 아이가 다양하게 활동할 수 있도록 도와줄 필요가 있어요.

- '네 살 영어왕' 진오의 이야기를 영상으로 확인하세요!
영재발굴단 제30회(2015년 10월 14일) / 제78회(2016년 10월 19일) / 제79회(2016년 10월 26일) 방송

[이진오]

열정의 아이를 소개합니다!

- 이름   김성윤
- 나이   만 10세(2017년 기준)
- 특징   3개 국어(한국어, 영어, 중국어)에 능숙한 스마트폰 박사
- 출연   영재발굴단 제66회(2016년 7월 20일)

스마트폰으로 **3개 국어 섭렵한** '한국의 꼬마 **스티브 잡스**'

김성윤 군

세계적인 IT 기업 직원들이 성윤이를 바라보며 혀를 내두른다.
"우리 회사 최연소 인턴으로 받아도 되겠는데요!" 성윤이가 내로라하는
전문가들 앞에서 IT 지식과 생각을 인정받고 기뻐한다.
더 놀라운 사실은 영어, 중국어에도 능수능란하다는 것!
성윤이가 '3개 국어를 말하는 꼬마 스티브 잡스'로
성장할 수 있었던 비결은 무엇일까?

전문가들을 실력으로 이긴
자타 공인 스마트폰 박사!

"이 스마트폰은 CPU 성능이 조금 떨어진다는 얘기가 있어요. 하지만 카메라 노출값을 낮추면 사진을 어두운 곳에서도 밝게 찍을 수 있죠." 서울의 한 스마트폰 전문 매장. 성윤이가 전시해 놓은 스마트폰을 보며 기기의 기술과 특징을 구구단 외우듯 줄줄 읊는다. 매일 출근하는 직원들마저도 성윤이 옆에 서서 유심히 설명을 듣고 있을 정도다. "11살 꼬마가 저희도 모르는 내용을 저렇게 잘 알고 있다니

정말 대단하네요!" 감탄사를 연발하던 한 직원이 성윤이를 향해 엄지를 추켜올린다. 의기양양하게 매장을 나서는 성윤이의 표정에 자신감이 넘친다.

성윤이의 스마트폰 지식수준은 어느 정도일까? 이 궁금증을 해결하기 위해 성윤이, 스마트폰 전문 리뷰어, 스마트 스쿨 교수, 스마트폰 판매직원을 한자리에 모았다. 자존심을 건 스마트폰 퀴즈 대결을 벌이기로 한 것이다. 첫 번째 문제는 드라마에 등장하는 기종 맞추기다. 기껏해야 3초, 그것도 스마트폰 뒷면의 일부만 슬쩍 나타나는 통에 여기저기서 끙끙거리는 소리가 터져 나온다. 하지만 단 한 명, 성윤이만큼은 일사천리로 기종을 써 내려간다. "성윤이 정답!" 이어진 문제는 서로 다른 두 기종의 화면 크기 비교 문제다. 이 문제 역시 성윤이가 유일하게 정답을 맞히자 사방에서 박수갈채가 쏟아진다.

그런데 '스마트폰 박사'라는 타이틀 외에도 성윤이가 자랑하는 특기가 또 하나 있으니 바로 언어 능력이다. 성윤이는 우리나라 토박이임에도 불구하고 영어와 중국어를 마치 한국어처럼 자연스럽게 말한다. 특히 IT 분야 전문 용어는 타의 추종을 불허할 만큼 유창하게 구사한다.

스마트폰 동영상으로
영어와 중국어를 익혔다고?

뒤돌아보면 성윤이의 스마트폰 사랑은 한글을 뗄 무렵부터 시작됐다. 엄마 정아 씨는 어느 날, 세 돌이 갓 지난 성윤이에게 문자 메시지 한 통을 받았다. '엄마, 오늘 늦게 와요?' 내용을 본 정아 씨의 눈이 한껏 동그래졌다. 문자 보내는 방법은 커녕 한글조차 가르친 적이 없었기 때문이다.

"알고 보니 성윤이가 저도 모르는 새에 휴대전화 메시지를 쓰면서 스스로 한글을 깨쳤더라고요. 누가 가르쳐 준 것도 아닌데 어깨 너머로 한글을 배우고 거기에 문자 보내는 법까지 익혔다니, 제 아들이지만 참 대단하다고 생각했죠. 아마 그때부터 스마트폰에 관심을 둔 게 아닌가 싶어요."

스마트폰에 대한 성윤이의 관심은 여섯 살 때 본격적으로 꽃피었다. 한동안 스마트폰 관련 유튜브 동영상을 찾아보더니, 각 기종의 특징과 그 안에 들어간 기술을 하나둘씩 꿰어 나갔다.

그러더니 한글 동영상은 부족하다고 느꼈는지 영어 버전 스마트폰 리뷰 동영상으로 운신의 폭을 넓힌 성윤이. 지금은 미국 최대의 IT 전문 사이트를 자유자재로 활용할 만큼 출중한 영어 실력을 자랑한다.

스마트폰과 영어를 마스터한 성윤이의 다음 목표는 중국어다. 최근 중국 IT 기업의

활약이 두드러지자, 아예 중국어를 배워 그들의 스마트폰을 연구하기로 결심한 것이다. 좋아하는 일을 하는데 그 누가 말릴 것이며, 그 대상이 글로벌 시대의 필수 외국어 중 하나인 중국어인데 거리낄 것이 무엇이랴! 스마트폰을 좀 더 잘 알기 위한 성윤이의 노력은 '원어민이 인정하는 영어·중국어 실력'이라는 달콤한 열매로 맺어졌다. 이제는 영어와 중국어로 스마트폰 리뷰 영상을 찍어 유튜브에 올릴 정도다. '관심사'와 '즐거움'이라는 쌍두마차가 만 11세 아이를 '3개 국어를 하는 스마트폰 박사'로 거듭나게 한 것이다.

Tip.1 '스마트폰 박사' 성윤이의 즐거운 외국어 공부법

성윤이는 어릴 적부터 IT 기기에 큰 매력을 느꼈어요. 성윤이 부모는 아이의 호기심을 채워주기 위해 다양한 유튜브 동영상을 시청하게 했죠. 덕분에 성윤이는 전문가 수준의 스마트폰 지식을 쌓았을 뿐만 아니라 영어와 중국어도 현지인처럼 잘할 수 있게 됐어요. 이렇듯 아이의 관심사를 면밀히 관찰해서 이를 외국어로도 공부할 수 있게 도와주세요!

김성윤

부모가 제대로 믿어주면 아이는 반드시 보답한다!

전 세계에서 각광 받는 스마트폰 지식과 함께 3개 국어 능력까지 갖춘 아들을 뒀으니 무엇이 문제일까 싶지만, 사실 부모의 걱정은 날이 갈수록 쌓여만 갔다. 바로 성윤이가 너무 오래 스마트폰을 사용해서다. 아빠와 TV 볼 때도, 가족과 산책을 할 때도, 심지어 밥을 먹을 때도 스마트폰을 손에서 놓지 않는 성윤이를 바라보며, 부모는 '중독'이라는 단어를 떠올릴 수밖에 없었다. 상황이 이렇다 보니 아이와의 갈등은 점점 깊어지고 있었다.

성윤이의 상태를 알아보기 위해 상담센터를 찾았다. 아이를 다각적으로 상담한 강윤석 임상심리전문가가 성윤이 부모 앞에 앉았다. "성윤이는 스마트폰에 중독된 아이들과는 달라요. 성윤이에게 스마트폰은 단순한 장난감이 아닌, 아이의 최대 관심사 그 자체이기 때문에 크게 걱정할 것 없어요."라고 말했다. 스마트폰은 성윤이의 공부거리이자 연구 대상이었던 것이다. 이를 뒷받침하는 증거로 강윤석 심리전문가는 성윤이가 스마트폰을 공부하려고 스스로 영어와 중국어를 익히고 자기만의 '상상폰' 설계도를 만들며, 스마트폰 관련 영상을 유튜브에 업로드하는 등 창의적 활동을 지속적으로 펼치고 있다는 점을 꼽았다. 부모의 시름이 한결 가벼워진 순간이다.

 학원보다 효과적인 교육법, '신뢰'

아이가 뚜렷한 소신과 꿈을 갖고 있다면, 무엇보다도 믿어주는 자세가 중요해요. 부모가 자녀를 믿으면 대부분 아이들은 부모의 믿음에 어긋나는 행동을 하지 않으려고 노력해요. 성윤이처럼 말이죠. 그러니 아이가 공부를 안 한다고 무조건 다그치기보다는 스스로 공부할 수 있도록 동기를 부여해 주고 신뢰를 보내주세요!

며칠 뒤, 성윤이는 엄마 아빠와 세계적인 IT 기업의 무선사업부 개발자들을 만났다. 열한 살 성윤이는 주눅이 들 만한 상황인데도 당당하게 자기가 설계한 상상폰을 전문가들 앞에서 발표했다. 개발자들은 입을 다물지 못했다.

"이 친구, 우리 인턴으로 채용해야 될 것 같은데요?" 한 직원의 말에 모두가 고개를 끄덕였다. 부모는 감격해 울먹거렸다. 이후 성윤이 부모는 스마트폰 사용 시간을 전적으로 아이에게 맡긴다. 성윤이는 믿음에 보답이라도 하듯 시험 기간에 스마트폰을 반납하며 열심히 공부한다. 서로를 향한 신뢰가 만들어 낸 놀라운 결과. 부모의 전폭적인 믿음을 등에 업은 성윤이는 지금 이 순간에도 '한국의 꼬마 스티브 잡스'로 무럭무럭 자라나고 있다.

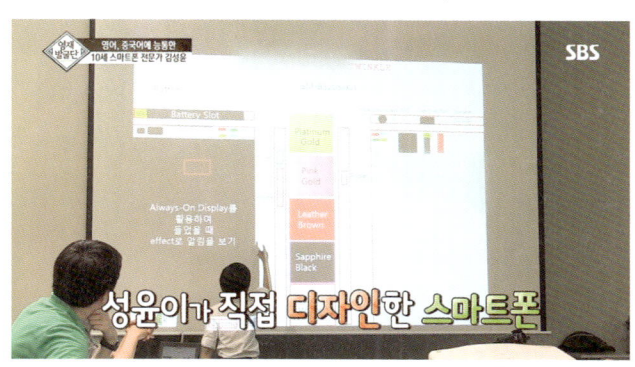

-

'3개 국어 말하는 스마트폰 박사' 성윤이의 이야기를 영상으로 확인하세요!
영재발굴단 제66회(2016년 7월 20일) 방송

-

유튜브와 SNS에서 성윤이가 들려주는 스마트폰 이야기를 들어보세요!
유튜브 https://www.youtube.com/channel/UCT-6XpL1T5h4z0ykiA70Ylg (유튜브에서 'TV 로마클' 검색)
페이스북 Ro Macle
트위터 @romacle_ksy
인스타그램 romacle0910

열정의 아이를 소개합니다!

- 이 름   윤찬영
- 나 이   만 3세(2017년 기준)
- 특 징   300개 이상의 영어 단어를 숙지하고 영어 문장을 읽음
- 출 연   영재발굴단 제102회(2017년 4월 5일)

스스로 영어 깨친
두 살배기 '영어둥이'

윤찬영 군

"하마!" 28개월 찬영이가 힘차게 외친다. 그런데 가만히 보니 흔한 한글 연습이 아니다. 찬영이 손에 'Hippopotamus', 즉 하마라고 쓰인 단어 카드가 들려 있다! "A, B, C도 가르친 적 없는데 저렇게 혼자 영어를 읽고 말하는 걸 보면 참 신기해요." 부모조차 아연실색하게 한 찬영이의 놀라운 영어 습득 능력, 과연 어디에서 나온 것일까?

기저귀 찬 아기가
'Take off'를 알아?

이제 막 해가 솟은 이른 아침, 침대에서 꼼지락거리던 찬영이가 갑자기 벌떡 일어난다. 여전히 꿈나라를 여행하고 있는 엄마 아빠 얼굴을 살피고는 거실로 향한다. 아이가 멈춘 곳은 다름 아닌 책장 앞이다. "A, B, C, D, E, F, G…" 알파벳송을 부르며 목청을 가다듬은 찬영이가 영어 단어 책을 꺼내 읽기 시작한다.
"애플, 앨범, 아파트먼트…" 입에 붙지 않는 발음을 되뇌는 모습이 어른들 못지않게 진지하다. 한참을 책에 집중하더니 엄마 나오는 소리에 총총 달려간다. 이럴 땐 또 영락없는 28개월 아기다.
"엄마, ABC 보여줘." 품에 안겨 있던 찬영이가 말하자, 엄마 경진 씨가 미소 지으며 "찬영이가 보고 싶은 책 꺼내 와"한다. 영어 동화책 대여섯 권을 욕심껏 가져온 찬영이.
"이건 뭐라고 읽어요?" 엄마의 물음에 영어 문장을 술술 읽어 내려간다. "왓 컬러 이즈 디스? 잇츠 윈디!" 찬영이는 단순히 영어 단어만을 외우고 있는 게 아니다. 단어와 문장뿐만 아니라 숙어도 여럿 알고 있단다. 이를 증명이라도 하듯 'Take off'를 가리키며 "벗다!"라고 외친다. 세상에, 'Take off'를 아는 우리나라 두 살배기 아기가 찬영이 말고 또 있을까.

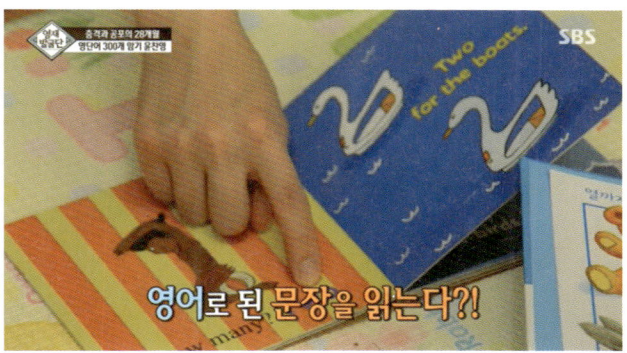

요즘 찬영이의 영어 실력은 실생활에서도 빛을 발하고 있다. 배고플 때 엄마에게 "아임 헝그리. 기브 미 썸 브레드, 맘"이라고 말하는가 하면 어린이집 선생님에게는 "오픈 더 도어, 플리즈"라고 부탁해 칭찬 받았다고 한다.

그런데 진정 놀라운 점은 따로 있다. 엄마 아빠는 단지 아이가 원해서 영어를 접할 수 있는 환경을 조성해 줬을 뿐, 알파벳조차 가르쳐 준 적이 없다는 것! 다시 말해 영어를 읽고 이야기하는 능력을 오롯이 찬영이 스스로 길러 왔다는 의미다.

영어 잠재력 폭발시킨
'명명폭발기'

"ABC 삼촌이요!" 어떻게 영어를 좋아하게 됐냐는 물음에 찬영이가 답한다. 엄마를 쳐다보니 친정 오빠 이승빈 씨를 가리키는 말이라고 귀띔한다. 그렇다면 승빈 씨는 영어를 잘하는 삼촌일까. 궁금증을 이기지 못하고 찾아가 보니, 과일 가게를 운영하느라 바쁘고 게다가 영어를 좋아하지도 않는단다. 승빈 씨가 ABC 삼촌으로 불리는 이유는 따로 있었다.

"동생네 놀러갔을 때 찬영이 교육에 조금이나마 도움 되라고 유튜브에서 알파벳 동영상을 보여줬어요. 그랬더니 진짜 재미있다면서 계속 보더라고요. 그 이후로 찬영이를 만날 때마다 영어 관련 동영상을 계속 보여주고 있어요. 그래서 찬영이가 저를 ABC 삼촌이라고 부르는 것 같아요."

13개월에 알파벳 동영상을 처음 접한 찬영이는 한 달 뒤, 삼촌에게 일명 '뽀로로 펜(누르면 영어 발음을 들려주는 교구)'을 선물 받았고, 17개월에 스스로 알파벳을 뗐다. 영어로 숫자를 셀 줄 알게 된 때도 이 무렵이다. 여기에 더해 유튜브 동영상으로 단어의 발음을 조금씩 익히더니, 이제는 처음 보는 단어도 척척 읽을 줄 안다. 아이의 남다른 영어 학습 능력에는 어떤 비밀이 숨어있는 것일까? 찬영이를 지켜본 정윤경 카톨릭대학교 심리학과 교수는 아이가 '명명폭발기'에 영어를 자연스럽게 접했다는 데에 주목했다.

삼촌의 시기적절한 자극과 더불어 찬영이의 영어 실력을 높이는 데 큰 도움을 준 요소가 있었으니, 바로 환경 조성이다. 찬영이 부모는 책과 교구를 사주고 동화책을 읽어주는 등 자연스럽게 영어를 접하고 즐길 수 있는 여건과 분위기를 만들어 줌으로써 찬영이의 언어적 잠재 능력을 일깨우는 데 한 몫을 담당한 것이다. 하지만 아무리 주변에서 노력한다고 해도 아이가 싫어하면 아무 소용없는 일이다. 부모는 아들의 '진짜 모습'을 살펴보기 위해 찬영이를 데리고 아동상담센터로 향했다.

 Tip.1 '명명 폭발기'란?

18~24개월 전후로 아이들에게 찾아오는 언어적 발달현상이에요. 아이들이 사물 이름에 관심을 갖기 시작하면서 어휘력이 폭발적으로 확장하는 시기죠. 이 시기 아이들은 일주일에 10~20개 단어를 정확하게 익힐 수 있을 정도로 엄청난 습득력을 가지고 있어요. 따라서 유튜브 동영상 시청하기, 책 읽어 주기, 질문에 꼬박꼬박 답해주기 등 부모가 아이에게 다양한 방법으로 언어적 자극을 주는 것이 중요해요.

다양한 오감체험 활동이
아이의 영재성을 발전시킨다!

상담을 진행한 손정선 아동행동발달전문가는 "찬영이의 인지·언어 영역 수준이 상당히 높다."라며 이것이 찬영이 영어 습득 능력의 밑바탕이라는 견해를 밝혔다. 그중 인지 영역에 속하는 시각적·공간적 기억 능력은 42개월 아이 수준으로 굉장히 높다는 것이 손정선 아동전문가의 이야기다. 아이가 겨우 20초 동안 보여준 애니메이션 포스터를 마치 그림 그리듯 상세하게 말로 설명하거나 영어

단어와 한글 단어를 정확하게 연결하는 것도 모두 남다른 시각적·공간적 기억 능력 때문이다. 유수경 아동영어교육전문가는 이를 '이미지 형상 기억법'이라는 용어로 설명했다.

그런데 검사 도중 찬영이에게 걱정스러운 부분도 발견됐다. 아이는 거의 다 완성한 블록을 갑자기 쓰러뜨리는가 하면, 뭔가 마음에 들지 않을 때 책상을 넘어뜨렸다. 이는 바로 나이 또래에 비해 상대적으로 높은 인지 능력 때문이다. 자기 수준에 맞지 않는 자극이 계속 이어지자 지루함을 느꼈고, 이를 과격한 행동으로 표현한 것이다. 찬영이 부모는 손정선 아동전문가의 조언에 따라 아이가 다양하게 경험할 수 있도록 노력하기로 다짐했다.

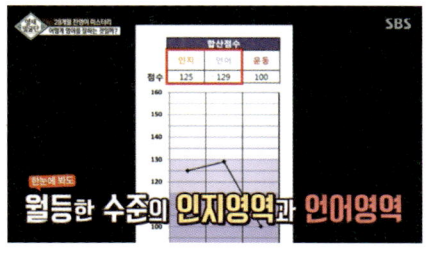

얼마 후, 여느 때처럼 영어 책을 읽고 있는 찬영이를 만났다. 고양이, 젖소, 말, 양 등 갖가지 동물 그림을 본 부모가 행동에 나섰다.

"책 다 보고 아빠 엄마랑 동물원에 놀러 갈까?" 이 말을 듣고 곧장 "렛츠 고!"를 외치는 찬영이. 상상 속에서만 보던 동물들을 만나며 행복해 하는 모습을 보고 있자니 흐뭇한 미소가 절로 지어진다. 이제 찬영이는 책과 동영상을 넘어 오감으로 세상과 마주할 것이다. 앞으로 '영어둥이'를 넘어 '영어 마스터'로 거듭나기를 기대해 본다.

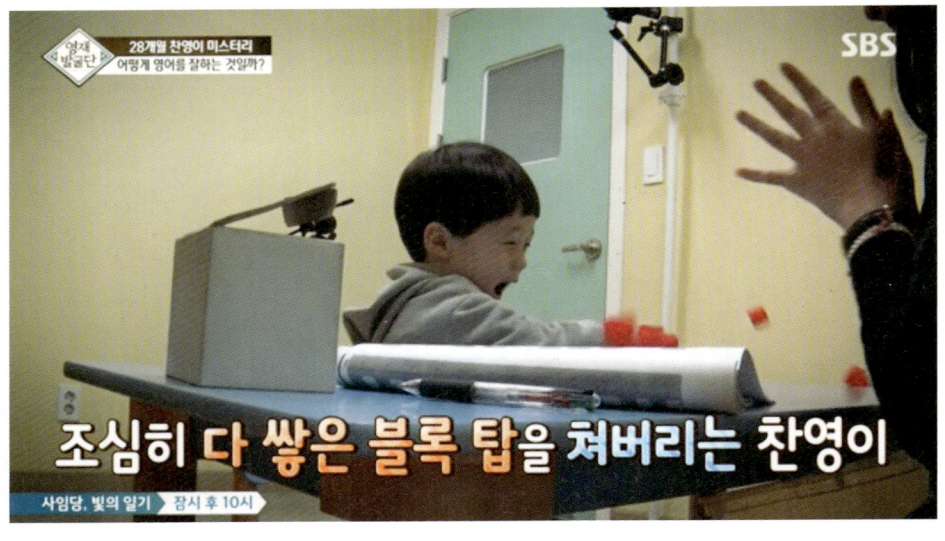

Tip.2 '이미지 형상 기억법'이란?

이미지 형상 기억법은 아이가 영상, 그림, 소리를 동시에 보고 들으면서 그 자체를 머릿속에 기억하는 학습법이에요. 특히 명명폭발기에는 시각 정보와 소리가 합쳐진 자극이 아이의 언어 능력 발달에 중요한 역할을 해요. 유튜브 동영상, 영어 음악 등이 아이에게 큰 도움이 되는 이유죠.

- '두 살배기 영어둥이' 찬영이의 이야기를 영상으로 확인하세요!
  영재발굴단 제102회(2017년 4월 5일) 방송

윤찬영

열정의 아이를 소개합니다!

- 이 름   이승재
- 나 이   만 8세(2017년 기준)
- 특 징   다독으로 쌓은 어휘력과 이해력으로 중·고등 수학 문제 해결
- 출 연   영재발굴단 제96회(2017년 2월 22일)

구구단 못 외우는 **수학 천재?**
알고 보니 **언어 영재!**

이승재 군

피타고라스와 로그 함수 수학 문제를 푸는 초등학교 1학년이 있다.
더 믿기지 않는 사실은 어려운 수학 문제는 술술 풀면서
구구단은 외우지 못한다는 것이다.
바로 수학과 사랑에 빠져 있는 승재 이야기다.
어떤 문제든 풀기 위해 '생각하고 또 생각한다'라고 말하는
이 아이의 놀라운 비밀은 무엇일까?

타고난 감각 지닌 미래의 수학자

승재가 TV에 푹 빠져 있다. 언뜻 보면 또래 아이들과 별반 달라 보이지 않는다. 그런데 자세히 들여다보니 TV 퀴즈 프로그램을 보며 방송 출연자와 경쟁하듯 문제를 풀고 있다. 그러더니 승재가 결국 출연자보다 먼저 문제를 푼다. 수학을 배운지 불과 1년밖에 되지 않았다고는 믿기지 않는 실력이다.

승재는 수학에 타고난 감각을 지녔다. 이에대해 수학 전문가는 "빨리 추론하고 수의 규칙을 일반화 한다는 것은 굉장히 감각이 좋다는 것"이라며 감탄한다. 더욱 놀라운 사실은 그런 승재가 선행학습을 하거나 별도의 학원을 다니지 않았다는 점이다.

맞벌이하는 부모님 때문에 세 살까지 할머니 손에서 자란 승재는, 이후에도 유치원과 돌봄 종일반을 다녀야 했다. 그런 탓에 엄마 미희 씨는 마음 한 켠에 아이를 마음껏 뛰어 놀게 하지 못했다는 미안함을 가지고 있었다고. 그래서 공부를 강요하지 않았고 승재가 어디에도 얽매이지 않고 신나게 놀기를 바랐다. 그러던 중 초등학교 입학 후 처음 접한 수학은 승재에게 즐거운 놀이가 되었다.

이승재

수학적 감각은 타고난다?
단연 대답은 NO!

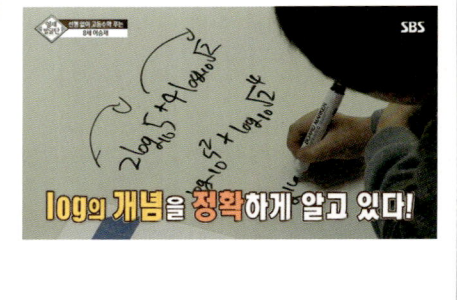

초등학생이라면 누구나 다 아는 구구단. 그러나 승재는 정작 구구단을 외우지 못한다. "구구단이 어떤 건지는 아는데 외우지는 못해요."라며 아이는 머리를 긁적인다.

그런데 한번도 배우지 않았다는 중학교 수준의 삼각형 문제와 고등학교 수준의 로그 함수 문제를 막힘없이 척척 풀어낸다. 아무래도 영재는 뭐가 달라도 다르기 때문일까. 정작 승재의 입에서는 예상치 못한 답변이 나온다.

"문제를 계속 보면서 생각하고 또 생각해서 아는 부분을 찾아서 그걸 실마리로 만들었기 때문에 문제를 풀 수 있는 것 같아요." 그렇다면 승재는 정말 타고난 수학 천재인 걸까. 그 비밀의 실마리는 엉뚱한 곳에서 풀렸다. 지능 검사를 위해 찾은 전문기관에서 승재는 IQ 139로 상위 0.5%라는 좋은 결과를 얻었다. 그런데 그동안 이과형 영재라고 생각했던 엄마의 예상을 깨고 나타난 결과는 승재가 '언어 영재'라는 것이다. 특히 전문가는 승재의 뛰어난 수학 감각을 '독서법'에서 찾았다. 바로 한 권을 여러 번 읽는 승재만의 독특한 독서법이 그 해답이다.

한 권을 보통 스무 번 이상 읽는다는 승재는 신중하게 고른 수학 만화책을 읽고 또 읽으면서 수학 개념을 터득했다. 즉 반복해서 독서한 후 개념을 이해하고, 이를 언어 이해력과 사고력으로 발전시켜 '폭발적인 수학 능력'이라는 최고의 시너지 효과를 낸 셈이다. 한마디로 책으로 수학을 배운 것이다.

TIP.1 수학을 잘 하려면 책을 읽어라!

언어 영재인 승재가 수학을 잘하는 걸 두고 의아해 하실 텐데요. 사실 많은 전문가들이 수학을 잘하기 위해서는 승재처럼 책을 많이 읽어야 한다고 강조합니다. 단순 계산을 하는 연산 수학보다는 문제를 이해하고 사고하는 수학이 더 중요하기 때문입니다. 문장 해결력과 사고력을 키우는 데 가장 좋은 방법은 뭐니 뭐니 해도 독서랍니다!

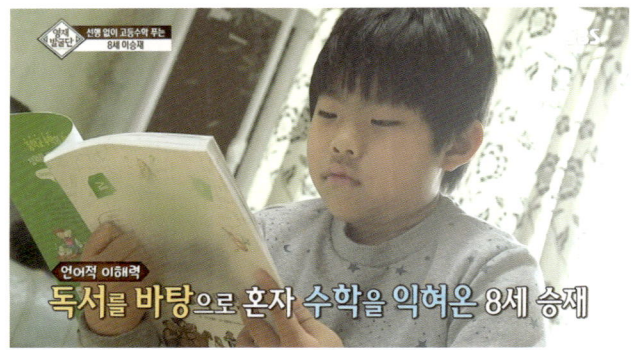

아이를 한 뼘 더 성장시키는 긍정의 힘!

온 가족이 모이는 저녁 시간, 승재네 식탁 풍경은 여느 집과는 조금 다르다. 승재는 하루 종일 있었던 학교 이야기, 친구 이야기 대신 책을 보고 알게 된 다양한 수학 개념들을 가족에게 알려주기 바쁘다. 그러나 승재에게 즐거운 수학이 가족에게도 꼭 그런 것만은 아니다. 신나서 이야기 하는 승재 이야기에 돌아오는 가족의 반응은 "무슨 말이야?"다. 승재는 그렇게 오늘도 낮에 봤던 책을 다시 꺼내 들며 그 속으로 빠져든다.

이런 상황은 엄마에게도 달갑지 만은 않다. 한창 뛰어 놀 나이에 책만 붙들고 있으니 혹여 친구들과 잘 어울리지 못한 채 사회성이 떨어지는 건 아닐까, 걱정이 앞서기 때문이다. 아빠 일섭 씨도 공부만 잘하기보다는 보통 사람처럼 주변 사람들과 같이 어울리면서 행복하게 살기를 바란다. 이런 부모의 걱정을 아는지 모르는지 승재는 늦은 밤까지 학구열을 불태운다. 급기야 다음날 아침이 되어서도 간밤에 풀지 못한 문제를 끌어 안고 씨름 중이다. 출근해야 하는 엄마는 그런 승재에게 "오늘은 공부하지 말고 꼭 놀아라"라는 당부를 남긴 채 집을 나선다. 그런데 승재는 엄마가 떠나자 갑자기 눈물을 보인다. 대체 승재에게 무슨 문제가 있는 걸까.

평소 생각이나 느낌을 잘 표현하지 않는다는 승재를 데리고 심리전문가를 찾은 엄마 아빠. 그리고 그곳에서 듣게 된 놀라운 반전! 사실 승재는 가족이 생각하는 것처럼 사회성이 없는 아이가 아니었다. 학교에서도, 태권도장에서도 누구보다 활발하고 사교성이 좋은 아이였던 것이다. 그렇다면 승재 부모는 왜 아이가 사교성이 없다고 생각한 것일까. 승재는 왜 스스로 내성적이라고 여기는 걸까. 이에 대해 심리전문가는 엄마 아빠가 그동안 승재에게 했던 말과 행동에서 그 원인을 찾을 수 있다고 설명한다. 결국 승재 스스로 사회성이 없다고 생각한 것은 부모가 심어준 것이며, 승재는 자신을 지키기 위해 그동안 그렇게 열심히 공부했다는 것이다. 심리전문가는 승재처럼 상호작용에 대한 욕구가 많은 아이의 경우, 부모가 부정적으로 이야기하면 아이는 자기 안에 더 숨어 버릴 수밖에 없다고 말한다. 자아가 강한 아이를 계속 부정적으로 대하면 아이의 자존감은 낮아질 수밖에 없다. 결국 아이를 대하는 가족의 부정적인 시선이 승재를 가족과 어울리지 못하는 '외로운 아이'로 만들었다.

바쁜 일상에 지친 엄마 아빠에게 도움이 되고 싶었던 승재는 그래서 딱히 바라는 것도 없다고 말한다. 그렇게 외로웠던 승재에게 위로가 되어 준 것이 바로 책이었다. 부모는 그제서야 관심 대신 걱정으로 아이를 대했던 지난 날이 스치며 미안한 마음이 솟아오른다. 우려 섞인 말보다는 아이를 있는 그대로 바라보고 보다 많은 관심을 보이는 게 승재를 더 성장시킨다는 것을 알게 되었다. 이제부터라도 아이에게 관심을 쏟는다면 가족이라는 울타리는 수학자가 되겠다는 승재 꿈에 소중한 발판이 되어줄 것이다.

이미지 연상법이란?

승재가 도서관에서 만난 친구와 원주율표를 외울 때 사용하는 방법이 이미지 연상법인데요. 이미지 연상법은 생소한 내용을 암기할 때 머릿속에 자신만의 그림을 그려 그것을 단어와 연관시켜 외우는 방법입니다. 머릿속에 글자와 이미지를 함께 떠올리면 더욱 쉽게 기억할 수 있습니다.

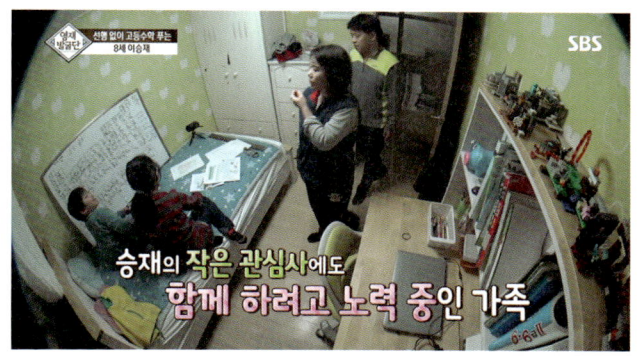

- '타고난 수 감각'을 지닌 승재의 이야기를 영상으로 확인하세요!
  영재발굴단 제96회(2017년 2월 22일) 방송

열정의 아이를 소개합니다!

- 이 름 박태현
- 나 이 만 13세(2017년 기준)
- 특 징 짐 캐리 영상으로 영어 회화를 익힌 '한국의 리틀 짐 캐리'
- 출 연 영재발굴단 제44회(2016년 2월 10일)

할리우드 스타가 영어 선생님?
'한국의 열세 살 짐 캐리'

박태현 군

전 세계적인 배우 짐 캐리가 한국에서 영어 과외를 한다?
물론 영상으로 배우는 간접 교육이지만 말이다. 짐 캐리를 진심으로 좋아한
나머지 그의 말투와 대사, 몸짓까지 그대로 따라한다는 태현이!
그렇게 몇 년이 지난 뒤, 태현이는 이태원을 활보하며 외국인과 프리토킹을
할 정도로 영어 회화 실력이 대단한 수준에 이르렀다.
7년여 동안 줄곧 태현이의 곁을 지켜 준 짐 캐리 덕분이다.

자타 공인 '리틀 짐 캐리', 이태원을 무대로 삼다!

여느 때와 다름없이 이국적인 활기로 넘쳐나는 이태원 거리에서 보고도 믿기 힘든 광경이 펼쳐졌다. 거기에는 한 아이가 마치 모노드라마를 찍듯 실감 나는 연기를 선보이고 있었다. 그런데 귀 기울여 들어보니 이 아이, 모든 대사를 영어로 말한다! 흥미로운 모습에 외국인들이 하나둘 아이 주변으로 모였다. 연기가 끝나자 너 나 할 것 없이 박수와 환호를 터트린다. "너 짐 캐리 연기 정말 잘하는구나!" 한 외국인이 말을 건네자 "진짜요?"하며 행복한 표정을 짓는 아이, 오늘의 주인공 태현이다.

고작 열세 살 소년이 어쩜 이리 당당한 걸까. 짐 캐리 주연의 영화 <미, 마이셀프 앤드 아이린>을 길거리 한복판에서 그대로 재현한 태현이가 이번에는 지나가던 외국인을 붙잡고 대뜸 이야기를 꺼낸다. "혹시 짐 캐리 아세요?" 태현이의 당돌함에 남자가 미소 지으며 "<덤 앤 더머> 찍은 배우잖아. 잘 알지!"라고 대답하니 그럴 줄 알았다는 듯 씩 웃고는 마치 책을 보고 읽듯 짐 캐리 이야기를 줄줄 읊는다. 알고 보니 태현이는 이미 이태원에서 스타로 통한다. 매주 주말마다 이 동네에 와서 실감나는 짐 캐리 연기를 선보이는 것은 물론, 마주치는 외국인을 붙잡고 짐 캐리가 출연한 작품 이야기부터 토크쇼 인터뷰 내용까지 시시콜콜 이야기하기로 유명하기 때문이다. '리틀 짐 캐리'라는 별명을 붙여도 손색없을 듯하다.

이 정도면 분명 해외 경험이 있을 거라 내심 확신하며, 태현이에게 영어 실력의 비결을 물었다. 그런데 예상치 못한 답이 돌아온다. "짐 캐리 아저씨가 가르쳐 줬어요!" 세계적인 할리우드 스타가 태현이에게 영어를 가르치다니? 말도 안 돼! 하지만 이어지는 태현이의 이야기를 듣자 이런 의구심은 눈 녹듯 사라졌다. 태현이는 정말로 짐 캐리에게 영어를 배우고 있었다!

'관심'과 '반복', '따라하기'가
아이의 영어 실력 키워 준다!

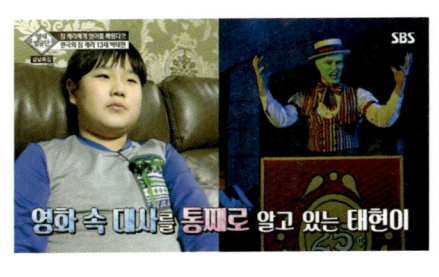 

물론 짐 캐리가 한국으로 날아와 태현이를 직접 가르치지는 않는다. 그러나 태현이는 분명히 짐 캐리를 보고 영어에 관심이 생겼고, 지금까지 꾸준히 영어를 공부하고 있다. 태현이의 일과는 짐 캐리로 시작한다. 단 하루도 빠짐없이 '짐 캐리 영화 출석 도장'을 찍는 것. <마스크>, <덤 앤 더머> 등 짐 캐리가 주연을 맡은 영화라면 가리지 않고 반복해서 시청한다. 한글 자막도 없이 말이다.

"<마스크>는 77번, <덤 앤 더머>는 80번 봤어요. 짐 캐리 아저씨 영화는 계속 봐도 지루하지 않아요. 모든 대사에 재미있는 연기가 녹아 있어서 그런 것 같아요." 태현이는 영화 속 짐 캐리가 대사를 말하기 전 먼저 대사를 외친다. 같은 영화를 수십 번 넘게 봤다는 말이 아무래도 사실인 모양이다.

이윽고 엔딩 크레딧이 올라가자 태현이가 갑자기 자기 방으로 달려간다. 뭘 하나 살펴보니 어느새 초록색 '마스크' 가면을 쓰고 있다. 그리고는 엄마 앞에서 대사와 연기를 보인다. 영화 속 짐 캐리와 비교해 보니 판박이 그 자체다. 한바탕 연기가 끝나자 이번에는 태블릿 PC로 짐 캐리가 출연한 미국 NBC의 유명 토크쇼 'The Tonight Show' 동영상을 보고는 그대로 따라한다. 그야말로 짐 캐리의, 짐 캐리에 의한, 짐 캐리를 위한 하루다.

하지만 태현이는 짐 캐리에 대한 애정, 그 이상의 성과를 선보이고 있다. 사교육 한 번 없이 각종 전국 영어 말하기 대회에서 두각을 나타내고 있어서다.

Tip.1 관심 갖고, 반복하고, 따라하니 영어 실력이 쑥쑥!

원어민과 능숙하게 대화할 정도로 영어 실력이 좋은 태현이는 사실 학원 한 번 다닌 적이 없어요. 짐 캐리에 대한 무한한 사랑으로 그가 나오는 모든 영상을 거의 다 찾아 반복해서 보고, 그대로 따라했을 뿐이지요. 그런데 영어 공부와는 상관없을 것 같은 이 행동들이 지금의 태현이를 만들었어요. 좋아하는 분야의 동영상을 아이에게 보여주고, 꾸준히 반복해서 따라하게 해 보세요!

"나는 병마를 이긴 아이! 뭐든 해낼 수 있지!"

태현이는 왜 이토록 짐 캐리를 좋아하게 된 걸까. 여기에는 가슴 아픈 사연이 숨어 있다. 아이가 다섯 살 무렵, 뼈가 자라지 않고 녹아내리는 '대퇴골두 무혈성 괴사'라는 희귀병에 걸렸다. 어린 나이에 받은 고관절 수술은 다행히 성공적이었지만, 태현이는 한창 뛰어놀 나이에 휠체어에 의지한 채 병실 생활을 할 수밖에 없었다. 그 기간이 무려 1년여다. 엄마는 태현이의 답답함을 조금이나마 풀어 주기

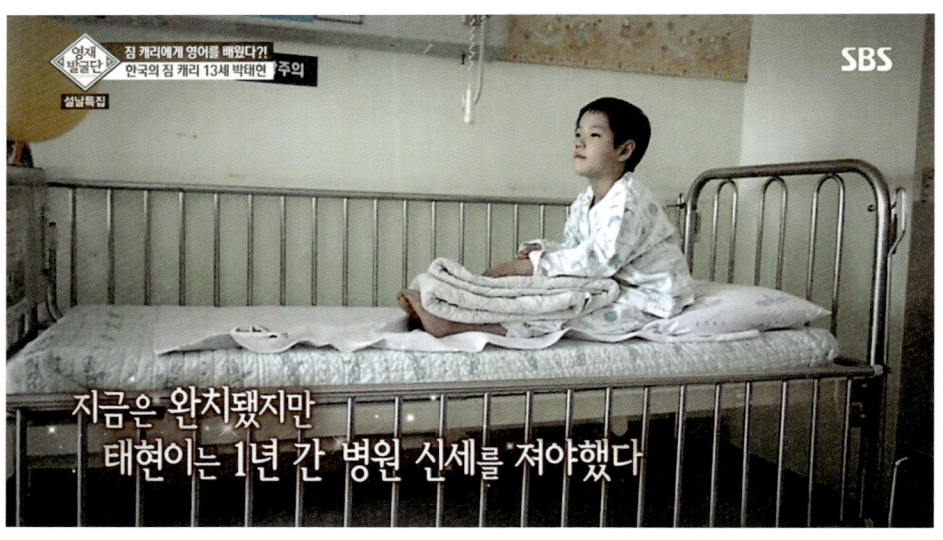

위해 짐 캐리가 나오는 코미디 영화를 보여줬다. 그런데 아이는 영화를 보며 상상 이상으로 즐거워했다. 이렇게 꽂힌 태현이의 '짐 캐리 사랑'은 7년이 지난 지금까지도 이어지고 있다.

이태원에서 짐 캐리 연기를 따라하며 수십 명의 외국인과 친구가 됐다는 태현이. 아이의 실력은 어느 정도일까? 이 물음에 답하기 위해 '국민 영어 강사' 이근철 영어교육전문가가 나섰다. 예상대로 태현이의 영어 회화 실력은 뛰어났다. 그런데 독해와 문법에서는 의외의 결과가 나왔다. 아이는 기본 독해와 문법 문제를 번번이 틀렸다. "영어를 잘하기 때문에 읽기와 문법을 아예 못한다고는 할 수 없지만, 제대로 정리가 돼 있지 않은 건 사실이에요." 이근철 전문가의 분석에 태현이 엄마는 걱정이 앞선다. 아이의 상태를 더 정확하게 알기 위해 상담센터를 찾았다. 검사 결과, 놀랍게도 태현이의 지능은 '매우 우수', 상위 0.3%로 훌륭하다. 또한 자율성이 또래 아이들보다 매우 높다고 나타났다. 태현이는 스스로 공부할 수 있도록 격려하고 칭찬해야 하는 아이였던 것이다.

얼마 후, 태현이가 평소와는 다르게 영어 문장을 태블릿 PC로 작성한다. 내용을 읽어보니 짐 캐리에게 보내는 편지다. 아이가 좋아하는 배우를 활용해 자연스럽게 문장 연습을 할 수 있도록 유도한 것이다. 아이는 사전까지 찾아보며 그야말로 '한 땀 한 땀' 정성 들여 편지를 써 내려갔다. "제가 제일 좋아하는 대사는 영화 <브루스 올마이티>에 나오는 '나는 전지전능한 브루스다! 뭐든 다 이룰 수 있지!'예요. 저도 짐 캐리 아저씨가 연기한 브루스처럼 '할 수 있다'라는 자신감을 갖고 뭐든 도전할 거예요! 지켜봐 주세요!"

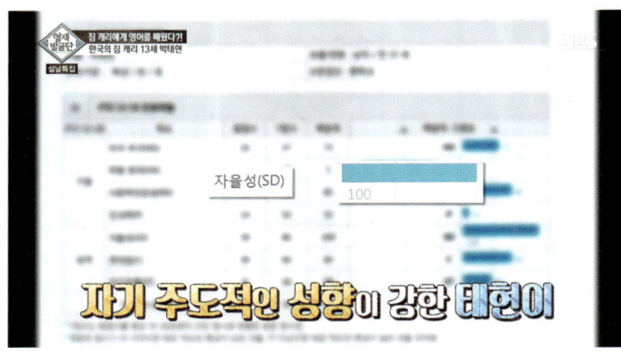

Tip.2 전문 검사로 아이의 성향을 파악해 보세요!

세상에 똑같은 아이는 없어요. 아이마다 각자의 특성과 장점, 성향이 다르죠. 태현이의 경우 엄마가 독해와 문법 공부를 억지로 시키려고 노력해 봤지만 소용없었어요. 태현이는 공부의 필요성을 느끼고 스스로 행동해야 좋은 성과를 낼 수 있는 성향의 아이였기 때문이죠. 이렇듯 아이들에게는 '부모도 모르는 진짜 모습'이 숨어 있을 수 있어요. 그러니 아이에게 지속적으로 관심을 두고 전문 검사를 받아 '아이의 진면목'을 파악하고, 육아 계획을 세우는 것이 중요하답니다!

- '한국의 13세 짐 캐리' 태현이의 이야기를 영상으로 확인하세요!
  영재발굴단 제44회(2016년 2월 10일) 방송

박태현

열정의 아이를 소개합니다!

- **이 름**   김서정
- **나 이**   만 13세(2017년 기준)
- **특 징**   뮤지컬 열정으로 뛰어난 영어 실력을 갖춤
- **출 연**   영재발굴단 제73회(2016년 9월 14일)

영어 실력 쑥쑥 키운
'빛나는 뮤지컬 열정'

김서정 양

무려 8년, 아이 반평생이 훨씬 넘는 이 시간을
뮤지컬만 바라보며 달려왔단다. 자막 없이 뮤지컬 영상을 보고
따라 하다 보니 현지 원어민 못지않은 영어 실력도 기를 수 있었다.
하지만 13살 서정이는 하루하루가 그다지 만족스럽지 않다.
자신의 노래와 연기를 진지하게 봐주는 사람이 주변에 없다는 것!
과연 서정이는 뮤지컬 배우를 향한 발걸음을 계속 이어갈 수 있을까?

뮤지컬과 영어 실력, 유튜브로 키웠어요!

"잠시만요, 반주 좀 틀게요." 노래 한 곡 불러 줄 수 있느냐는 부탁에 서정이가 활짝 웃으며 음악 리스트를 뒤진다. 마치 이 순간을 기다려 왔다는 듯 거침없다. 서정이가 자리에서 일어나 뮤지컬 <마틸다>의 'Naughty'를 부른다. 노래는 물론, 영어 발음, 감정 표현, 춤 솜씨도 수준급이다. 얼마나 연습했기에 갑작스러운 요청에도 이토록 훌륭한 무대를 만들 수 있었을까? 그 비밀을 풀기 위해 서정이네 집으로 향했다.

서정이가 거실 의자 위에 노트북을 놓고 마우스를 부지런히 놀린다. 가만히 살펴보니 유튜브에 올라간 뮤지컬 동영상 목록을 훑어보고 있다. 뮤지컬 <위키드>의 'Popular'를 재생시키고 음악이 흘러나오자 아이가 거울 앞에 곧추선다. 그리고는 뮤지컬 배우의 모든 행동을 복사한 듯 그대로 따라 한다. 중간중간 거울을 살펴보며 몸동작을 점검하는 모습이 제법 진지하다. 알고 보니 서정이는 학원 한 번 다닌 적 없이 오로지 유튜브 동영상으로만 뮤지컬을 연습했단다. 그 기간이 무려 8년이다. 어찌나 연습에 열중했는지 지금은 무려 100여 곡의 뮤지컬 노래를 외우고 있다. 열정 하나만큼은 프로 뮤지컬 배우 못지않게 뜨겁다.

영어로 된 동영상을 자주 봤더니 서정이의 영어 실력도 좋아졌다. 노래 가사의

뜻이 궁금하면 사전과 인터넷을 뒤졌고, 이 과정에서 자연스럽게 영어를 익힐 수 있었다. 여기에 더해 배우들의 모든 것을 따라 하려고 노력하다 보니 영어 발음과 표현도 원어민과 구분할 수 없을 정도로 좋아졌다. 유튜브가 서정이가 성장하는 데 훌륭한 밑거름으로 작용한 것이다.

서정이의 스승, 유튜브 동영상!

서정이는 그 흔한 영어 학원 한 번 다닌 적이 없어요. 대신 뮤지컬을 워낙 좋아해서 유튜브에서 영어 뮤지컬 동영상을 시간 날 때마다 찾아봤죠. 이때 재생되는 동영상 옆에 뜬 '추천 동영상'은 서정이의 뮤지컬 관심을 확장하는 데 큰 역할을 했어요. 영어 동영상을 반복해서 본 서정이의 영어 실력도 원어민 수준으로 높아졌답니다!

남다른 열정이 만든
'팔방미인 서정이'

자신이 가야 할 길을 누구보다도 잘 개척하고 있음에도 서정이는 늘 답답하고 불안하다. 뮤지컬 배우가 될 수 있는 경로를 모를 뿐만 아니라, 자기 재능에 관심을 보이는 사람이 없다고 여겨서다. 서정이가 한창 노래 연습을 하고 있을 때, 현관문이 열리더니 엄마가 들어선다. 그런데 노래하는 서정이는 뒷전, 청소기부터 잡는다. 덕분에 청소기와 서정이의 목소리 크기 대결이 한동안 계속 이어진다.

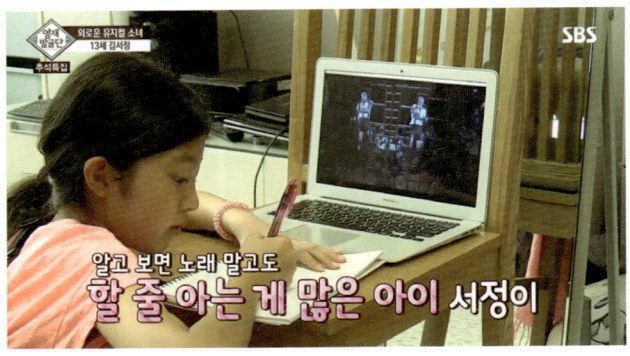

물론 서정이 부모도 할 말은 있다. 아이가 뮤지컬에 관심이 큰 것도, 열심히 연습하는 것도 잘 알지만 8년 내내 뮤지컬 노래만 듣고 지내다 보니 고충이 상당하다고 한다. 서정이도 이런 사실을 잘 알고 있지만 막상 자기 노력에 관심 없어 하는 부모님을 대할 때면 야속한 마음이 불쑥 솟는다. 이럴 때일수록 서정이는 더 열심히 뮤지컬 연습에 매진한다. 그러다 보니 노래와 연기뿐만 아니라 영어, 우쿨렐레, 영상 편집 등 뮤지컬에서 파생되는 다양한 재주와 실력을 쌓았다. 특히 영어 실력은 전국 영어 토론대회에서 우수한 성적을 거둘 만큼 발군이다.

그렇다면 서정이는 언제부터 뮤지컬에 관심을 두게 됐을까. 5살 때 우연히 틀어 준 뮤지컬 애니메이션이 그 출발점이었다. 특이하게도 서정이는 한글 자막을 싫어했다고 하는데, 그 이유가 재미있다. 자막이 애니메이션 화면 일부분을 가렸기 때문이란다. 어린 나이부터 서정이는 순전히 영어로 된 동영상을 즐겨 보기 시작했다.

 **TIP.2 자발적인 관심은 다양한 재주를 길러준다!**

수준급의 노래, 연기, 영어 실력은 물론 악기 연주와 영상 편집까지. 서정이의 이 모든 능력은 뮤지컬에 자발적으로 관심을 두며 꽃피우기 시작했어요. 좋아하는 것을 하다 보면 자연스럽게 그 주변 분야에 관심이 가고, 이를 확장시키면 다재다능한 영재로 자랄 수 있죠! 아이가 관심사를 조금씩 넓힐 수 있도록 적절하게 도와주세요!

밝은 희망 선사한
'아름다운 꿈 듀엣'

사연을 듣고 보니 지금 서정이에게 필요한 것은 보컬 레슨이 아니었다. '뮤지컬'이라는 관심사와 꿈을 함께 나눌 사람이 절실했다. 그래서 준비한 특별한 이벤트! 바로 <영재발굴단> 제27회(2015년 9월 23일)에 출연해 '강릉 장발장'이라는 별명을 얻은 뮤지컬 영재 의현이와의 만남이다. 어색한 침묵도 잠시, 두 아이가 뮤지컬 이야기를 나누기 시작한다. 대화는 웃음으로, 웃음은 행복으로 발전한다.

관심사가 같은 사람들만이 나눌 수 있는 소통과 공감. 두 뮤지컬 영재는 이 경험을 유쾌하게, 그러나 진지하게 공유했다.

서정이와 의현이는 누가 먼저랄 것 없이 마음을 합쳐 듀엣을 준비하기 시작했다. 그리고 피아노 반주에 맞춰 애니메이션 <겨울왕국>의 OST 'For the First Time in Forever'를 부른다. 겨우 10분 정도만 연습했는데도 무대를 빈틈없이 채운다. 뮤지컬이라는 공통 관심사가 없었다면 이토록 열정적인 장면은 결코 만들 수 없었을 것이다.

이번에는 '뮤지컬 동지'를 만난 데 이어 화면으로만 봤던 뮤지컬 스타를 만나러 가는 길이다. 설렘 가득한 서정이의 발걸음이 가볍다. 연습실에서 아이를 기다리고 있는 사람은 자기가 가장 좋아하는 뮤지컬 배우로 꼽았던 옥주현! 꿈만 같은 만남에 어쩔 줄 몰라 하는 서정이에게 옥주현이 노래를 권한다. 긴장했지만 또박또박 노래를 끝마친 서정이는 옥주현이 레슨도 해주고 애정을 담아 격려하자 함박웃음을 짓는다. 이 만남 이후 서정이는 '세상의 모든 감정을 전하는 뮤지컬 배우'가 되겠다는 꿈을 다시 한번 확고하게 다졌다. 아이의 열정과 꿈을 마음속 깊이 응원한다.

TIP.3 관심사가 같은 아이들을 만나게 해 주세요!

아이에게 관심사가 같은 친구가 있으면 큰 도움이 돼요. 관심 분야에 대한 정보는 물론 경험과 감정까지 두루 공유하며 동반 성장할 수 있기 때문이죠. 특히 힘들 때 의지할 수 있는 친구는 어쩌면 부모보다도 강력한 위로가 될 수 있습니다. 아이가 관심사가 같은 친구들을 많이 만날 수 있도록 도와주세요!

- '열정 넘치는 뮤지컬 팔방미인' 서정이의 이야기를 영상으로 확인하세요!
  영재발굴단 제73회(2016년 9월 14일) 방송

[김서정]

열정의 아이를 소개합니다!

- 이 름   김현빈, 김현덕
- 나 이   만 11세, 만 8세(2017년 기준)
- 특 징   『사자소학』을 줄줄 외우는 무공해 예의범절 남매
- 출 연   영재발굴단 제96회(2017년 2월 22일)

『사자소학』·홈스쿨링으로 내공 쌓은 선산 김씨 34대손 '무공해 남매'

김현빈·김현덕 남매

'옛것'이라는 퇴비와 '사랑'이라는 청정수, 이 두 가지만으로 자라난 아이들이기 때문일까. 남매를 보고 있자니 농약 하나도 안 친 유기농 채소가 떠올랐다. 그런 만큼 아이들의 마음은 싱그러운 초록빛으로 가득했고, 예절과 몸가짐은 조선 시대 선비 못지않게 단정했다. 『사자소학』과 홈스쿨링으로 남다른 내공을 쌓아가는 현빈·현덕 남매의 '무공해 일상'을 들여다보자.

『사자소학』 실천하는 막상막하 '현 남매'

푸르른 자연의 품에 안긴 고즈넉한 한옥, 그 안에서 아이들의 청명한 소리가 흘러나온다. "스승의 발은 무겁게 하고…" '청학동 훈장님'으로 알려진 김봉곤 훈장이 선창하자 십수 명의 아이들이 율곡 이이가 지은 『격몽요결』의 '구용(九容)'을 읊는 고고한 풍경.

그런데 "한 번 외워 볼 사람?"하는 훈장의 권유에 꼬마 유생들은 하나같이 꿀 먹은 벙어리가 되고 만다. 바로 그때, 한 남자아이가 정적을 뚫고 손을 높이 든다. 하늘색 똘똘이 안경이 인상적인 현덕이가 한 치 머뭇거림 없이 긴 문장을 술술 외워 나간다. 그런데 바로 뒤에 앉아있는 한 소녀가 현덕이와 함께 입 모양을 맞춘다. 현덕이의 누나 현빈이다. 현덕이에 이어 현빈이가 곧바로 구용을 외운다. "너희 둘 다 과거 시험 봐도 되겠다!"라며 호랑이 훈장이 감탄해 마지않자 두 아이가 서로를 바라보며 씩 웃는다. '막상막하'라는 말이 절로 떠오르는 모습이다.

"선산 김씨 34대손 김현빈, 김현덕입니다!" 자기소개마저 남다른 남매가 어떤 아이들보다도 해맑은 미소를 짓는다. 그 안에 '겸양의 미덕'이 자연스럽게 배어있다. 현빈·현덕 남매의 특기는 바로 한자 외우기! 『사자소학』에 나오는 한자 440자를 모조리 외우는 것도 모자라 완벽하게 뜻풀이까지 한다. 그런데 더 놀라운 점이 있었으니, 두 아이가 단순히 『사자소학』을 외우는 것을 넘어 그 안에 담긴 의미를 일상 속에서 실천한다는 사실이다.

"『사자소학』에는 부모님에 대한 예절, 친구 간의 우정, 형제간의 사랑 등 다양한 예의범절이 있어요. 그런데 한자와 뜻만 외우고 이를 실천하지 않는다는 건 말이 안 되죠." 현빈이가 조선 시대 요조숙녀와 마주하고 있다고 착각할 만큼 자기 뜻을 조곤조곤, 하지만 분명하게 전한다. 그리고 그 옆에서 "맞습니다, 누님" 하며 점잖게 고개를 끄덕이는 꼬마 도령 현덕이. 남매는 특별함을 넘어 비범한 눈빛을 지니고 있었다!

24시간 갈고닦는
지식과 예의범절

『사자소학』을 배운 지 한 달 만에 전국 사자소학 암송대회에 부산 대표로 출전해 각각 고학년부와 저학년부에서 장원 급제한 현빈·현덕 남매는 어떻게 하루를 보내기에 이토록 놀라운 성적을 거둘 수 있었을까. 그 비밀을 풀기 위해 남매 집으로 향했다. 거실로 들어서자마자 어마어마한 책들과 가운데 놓인 커다란 책상이 눈에 들어온다. 영재 남매의 집인 만큼 역시 남다르다. 그런데 그때, 친할아버지가 종이를 들고 아이들 앞에 앉더니 한자를 가르친다. 한 시간 정도 지났을까. 쉬는 시간이 끝나자 아이들이 이번에는 수학책을 펴고 아빠를 맞이한다. 수학을 공부한 뒤에는 엄마가 나타나 남매에게 역사와 음악을 맞춤형으로 가르친다.

이제 끝났는가 싶었는데 바로 앞집 문을 두드리더니 한 어르신 앞에 공손히 인사하고 자리에 앉는다. 한 층에 같이 살면서 영어 교육을 맡은 외할아버지다. 이 모든 교육이 오전 9시에 시작한다. 남매는 학교에 다니는 대신 아빠가 직접 만든 교재들로 홈스쿨링을 한다. 올해 88세인 외증조할머니까지 합쳐 4대가 모여 살면서, 집안 어른들을 통해 공부하고 있다.

남매의 교육은 비단 공부 시간에만 국한되지 않는다. 두 아이는 집안 어른들을 보며 인간이 갖춰야 할 덕목을 생활 속에서 몸소 익히고 있다. 현빈·현덕 남매는 잠에서 깨자마자 이불을 개고 옷차림을 단정하게 한다. 그 후 친할아버지, 아빠 엄마, 외가 식구들 순으로 아침 문안 인사를 다닌다.

그뿐만 아니다. 밥도 친가, 외가 식구들이 한데 모여서 먹는데, 이는 곧 밥상머리 교육으로 이어진다. 여기에 더해『사자소학』,『격몽요결』등 옛 성현의 가르침도 받들고 있으니 남매는 그야말로 몸과 마음, 지식과 정신을 모두 갈고 닦는 셈이다.

 **Tip.1** 무공해 남매의 탄생 비결, '옛것'과 '홈스쿨링'

현빈·현덕 남매는 학교 교육 대신 홈스쿨링을 하는데 그 체계가 견고하고 내실 있어요. 집안 어른들이 각자의 역량을 총동원해서 아이들에게 맞춤형 교육을 하고 있기 때문이죠. 또한 요즘 등한시하기 십상인 예의범절 교육을 한자책으로 배우고 생활 속에서 실천하면서 지덕을 겸비한 아이로 성장하고 있습니다!

아이의 사회성,
화목한 가정에서 시작한다

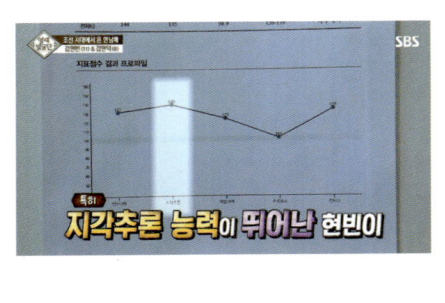 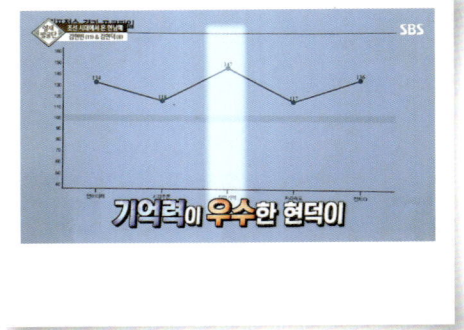

홈스쿨링하는 집들이 대개 그렇듯, 두 아이 부모도 아이들의 사회성이 학교 교육보다 부족하지 않을지 걱정한다. 이를 보완하기 위해 상담센터를 찾아 현빈·현덕 남매의 지능과 발달 상태 측정 검사를 했다. 부모의 걱정과 다르게 아이들은 매우 뛰어난 지능 수준을 가지고 있었다!

"보통 IQ 130 이상을 최우수라고 보는데요. 현빈이는 135, 현덕이는 136이 나왔어요." 또한 현빈이는 시각적으로 이미지를 해석하는 지각 추론 능력이, 현덕이는 공부한 것을 익히는 작업 기억 능력이 높은 것으로 나타났다.

그렇다면 가장 걱정한 사회성 평가 결과는 어떨까?

아이들을 지켜본 노규식 정신건강전문의는 전혀 문제가 없다는 답을 내놓았다. 집안 어른들과의 다양한 관계와 한문으로 배운 예절교육이 남매의 사회성을 학교에 다니는 아이들 못지않게 길러 줬다는 것이다. 이를 증명하듯 놀이터에서 놀던 남매는 처음 만난 친구들 앞에서 잠시 머뭇거리는가 싶더니, 곧 아이들과 스스럼없이 어울려 놀았다. 그뿐만 아니라 가족 관계를 알아보는 그림 심리검사에서도 화목한 가정을 그리며 현재 환경에 커다란 만족감을 드러낸 현빈·현덕 남매. 예상 밖의 좋은 결과에 부모 얼굴에 웃음꽃이 활짝 피었다.

현빈·현덕 남매가 엄마 아빠와 함께 떡을 사기 위해 방앗간에 들어섰다. 동네 노인정을 찾아 시간을 보내기 위해서다. 시간 날 때마다 자주 찾아뵈었다고 하니 낯가림 없이 어르신들과 즐거운 시간을 보내는 남매의 마음이 참으로 갸륵하다. 켜켜이 쌓인 이런 경험은 두 아이의 미래를 한층 밝게 만들어 줄 것이다.

Tip.2 아이의 사회성, '화목한 분위기'로 길러주세요!

또래 친구들과 어울리는 것만이 아이의 사회성을 길러주는 유일한 방법은 아니에요. 사회성은 화목한 가정에서 출발하므로 가정 안에서도 충분히 기를 수 있습니다. 전문가들은 특히 평소에 예의범절을 배우고 실천할 수 있는 '대가족 환경'이 아이의 사회성에 긍정적인 영향을 줄 수 있다고 말합니다. 떨어져 살더라도 아이와 함께 집안 어른들을 자주 찾아뵈면 어떨까요?

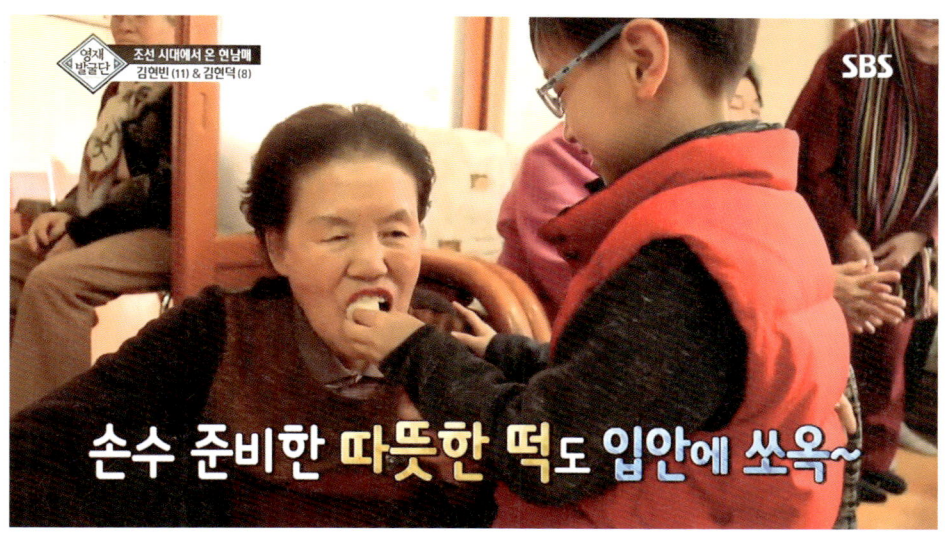

- '무공해 예의범절 남매' 현빈·현덕이의 이야기를 영상으로 확인하세요!
영재발굴단 제96회(2017년 2월 22일) 방송

열정의 아이를 소개합니다!

- 이 름 강선호
- 나 이 만 11세(2017년 기준)
- 특 징 한자 1급 시험 합격, 혼자 법전을 공부함
- 출 연 영재발굴단 제25회(2015년 9월 9일)

6천 쪽 **법전 독학**하는
'미래의 헌법재판관'

강선호 군

두 손으로 들기도 버거운 신법전을
옆구리에 끼고 다니는 아이가 나타났다!
게다가 한자가 반 이상인 신법전을 줄줄 읽어 내려가는 걸 보니
한자 실력도 대단한 모양이다. 더 놀라운 사실은
아이의 나이가 고작 10살이라는 점! 헌법재판관이 꿈이라고
당당히 외치는 '기적의 늦둥이' 선호의 이야기다.

알고 보니 나무꾼은 형법 어긴 범법자?!

"엄마, 『선녀와 나무꾼』에서 나무꾼이 무슨 죄를 저질렀는지 아세요?" 동화책을 읽던 선호가 밥 짓는 엄마에게 부리나케 달려와 묻는다. 엄마는 엉뚱한 질문에 고개를 갸웃거린다. 선호가 씩 웃더니 따발총처럼 말을 쏟아낸다. "선녀 옷을 훔쳤으니까 형법 제366조 재물은닉죄, 3년 이하의 징역 또는 700만 원 이하의 벌금이에요. 또 옷을 훔쳐서 선녀를 연못에서 못 나오게 했으니까 형법 제276조 감금죄! 5년 이하의 징역 또는 700만 원 이하의 벌금!" 그러더니 거실 쪽으로 달려가 무지막지하게 두꺼운 책을 가져온다. 싱크대 위에 책을 턱 펼쳐 놓더니 아까 말한 법 항목을 찾는다. "여기 봐요. 맞죠, 엄마?" 무슨 책인가 싶어 표지를 들춰보니 이럴 수가! 분량이 무려 6천 쪽에 이르거니와 절반 이상이 한자로 적혀 있어 법학과 학생들도 보기 힘들다는 신법전이다.

선호의 법률 공부는 일상에서도 쉬지 않고 이어진다. 신법전을 공부하던 아이가 머리도 식힐 겸 산책에 나선다. 그런데 집 앞에 무단 투기한 쓰레기를 보더니 눈살을 찌푸린다. "이렇게 쓰레기를 버리면 안 되는데. 경범죄처벌법 제3조 제1항 제11호, 제12호에 해당해서 10만 원 이하의 벌금 또는 구류라고요." 그리고는 자기가 버리지 않았는데도 쓰레기를 척척 집어 들더니 분리해서 수거한다. 투철한

준법정신에 감탄사가 절로 나온다. 분리수거를 마친 선호의 다음 목적지는 근처 사거리. '매의 눈'으로 길 건너는 사람들을 살펴보다가 대뜸 한마디 한다. "저 형처럼 길을 건너다가 중간쯤에서 빨간불로 바뀌었는데 만약 달려오는 자동차에 치였다면 보행자한테도 어느 정도 과실이 있다고 보고 보상액을 감액해요. 이런 걸 '과실상계'라고 해요." 이 장면을 지켜본 변호사가 곧바로 엄지를 추켜올린다. "과실상계는 법을 전공하지 않은 사람은 거의 모르는 용어거든요. 이런 어려운 개념을 실생활에 척척 적용하다니, 당장 사무실로 데려가서 수제자로 삼고 싶네요!"

공부를 일상에 적용하면
기억력과 응용력이 UP!

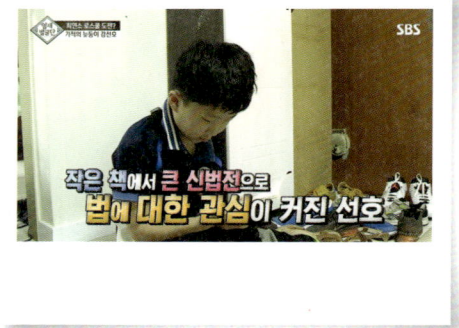

되짚어 보면 선호는 어릴 적부터 남다른 면모를 보여 왔다. 3살 때 한글을 떼더니, 그때부터 계속 무언가를 스스로 공부했다. 그러던 선호가 본격적으로 법에 관심을 보이게 된 계기가 있었으니 바로 한자시험이다. 우수한 성적으로 합격한 뒤 상품으로 받은 손바닥 크기의 작은 헌법책은 선호의 눈을 사로잡았다. 선호는 이 책을 다 읽은 뒤, 신법전을 읽기 위해 한자 6급부터 1급까지 모든 한자 자격증을 단 1년 반 만에 땄다. 탄력받은 아이는 어느새 법을 일상에 신속 정확하게 적용하며 공부하는 경지에 이르렀다. 고작 10살이라는 어린 나이에 말이다.

선호는 매사를 법에 적용해 보는 한편, 궁금한 점은 그때그때 찾아보고 해결하는 특유의 공부법 덕분에 현직에 있는 변호사조차 탄복할 정도로 실력이 좋다. 그런데 이런 선호에게도 깊은 고민이 있다. 바로 함께 공부할 친구가 없다는 것이다. 또래가 공부하는 과목이라면 서로 도움을 줄 수 있겠지만, 선호가 공부하는 헌법과 법률은 친구들은 물론 부모조차 거의 아는 게 없는 분야이다. 상황이 이렇다 보니 선호는 요즘 공부할 때 부쩍 외로움을 많이 느낀다.

부모는 중년에 얻은 귀한 늦둥이 선호에게 별다른 도움을 주지 못해 아이를 볼 때마다 항상 미안한 마음이 앞선다. 결국 엄마 아빠는 선호의 '공부 고독'을 조금이나마 해소해 줄 방법을 찾아 나섰다. 그 방법은 과연 무엇일까?

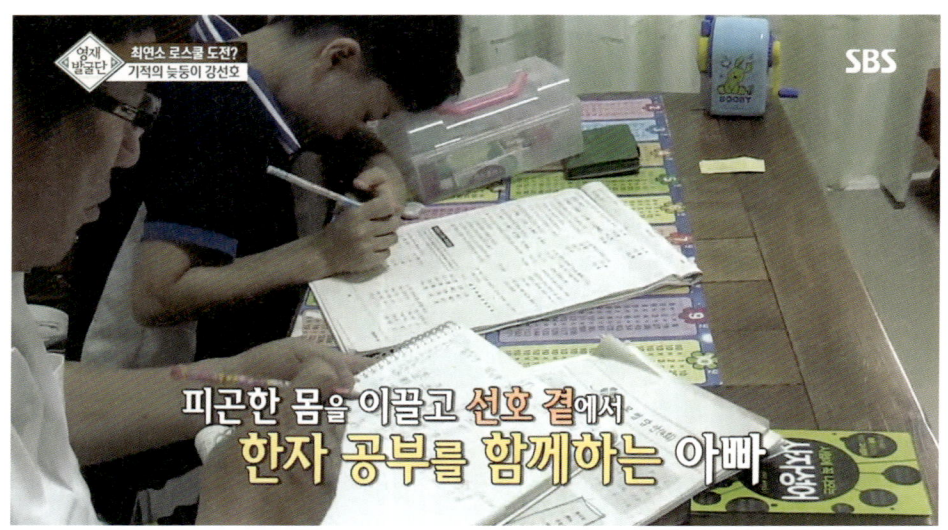

 **Tip.1** 학습 내용을 실생활에 응용하면 효과 UP!

책으로 하는 공부와 온몸으로 느끼는 공부, 어느 쪽이 더 효과적일까요? 당연히 후자가 학습 효과가 더 커요. 선호는 단순히 법전을 공부하는 것을 넘어, 이를 일상에 적용하면서 기억력과 응용력을 한층 더 높였어요. 아이가 배운 내용을 실생활에 응용할 수 있는 환경을 만들어 주세요. 분명 아이의 학습 효과가 배가될 거예요!

완전 학습의 화룡점정,
'함께 공부하기'

기특하면서도 안타까운 선호의 소식이 퍼지자 선호에게 다양한 도움의 손길이 닿았다. 선호가 가장 좋아한 소식은 바로 김희옥 전(前) 헌법재판관과의 만남! 선호의 꿈이 바로 헌법재판관이다. 선호는 "헌법은 모든 법률 위에 있는 최고의 법이잖아요. 헌법재판소는 법률의 헌법 위반 여부를 판단하는 곳이고요. 그렇게 중요한 일을 하는 분들이 멋있어 보여서 제 꿈을 헌법재판관으로 정했어요." 라며 자기 생각을 당차게 밝힌다. 그런 아이가 대견한지 몇 번이고 머리를 쓰다듬은 김희옥 전(前) 헌법재판관이 헌법재판관으로서 갖추어야 할 덕목을 상세하게 설명한다. 그 어느 때보다 초롱초롱한 눈빛으로 토씨 하나 놓치지 않고 머릿속에 입력하는 선호를 보고 있자니 잠들어 있던 열정이 다시 솟아오르는 기분이다.

김희옥 전(前) 헌법재판관과 꿈같은 조우를 한 이후 선호를 기쁘게 한 새로운 인연이 있었으니, 바로 인천 소재 한 대학교의 대학생 멘토단과의 만남이다. 스스로 법을 공부하는 선호를 위해 법학과, 국문학과 등 관련 학과 대학생들이 힘을 모았다. 그동안 혼자 공부에 매진했던 선호에게 큰 힘이 되는 소식이 아닐 수 없다. 대학생 멘토단은 웃음꽃 만발했던 대면식 다음 날부터 선호 집을 방문해 법뿐만 아니라 다양한 과목의 공부를 도와줬다. 선호 부모는 대학생들로 북적대는 거실 풍경을 바라보며 흐뭇함을 감추지 못했다.

며칠 사이에 이루어진 기적 같은 변화에 선호는 새로운 에너지를 얻은 눈치다. 전보다 행복한 표정으로 신법전을 익히고 있는 것을 보면 말이다.

"많은 분의 도움이 헛되지 않도록 꼭 훌륭한 헌법재판관이 될 거예요!" 이것만으로도 선호는 이미 헌법재판관에 한 발짝 더 다가선 느낌이다.

Tip.2 함께 공부할 수 있는 환경을 만들어 주세요!

상당수의 아이가 혼자 공부하는 것에 익숙합니다. 이는 영재들도 마찬가지죠. 하지만 선호의 경우처럼 아이들은 홀로 공부하면서 생각보다 큰 외로움을 느낀답니다. 게다가 혼자 공부하는 것보다 여럿이 모여서 함께 공부하면 학습 효과가 더 높다는 연구 결과도 있죠. 만약 아이가 혼자 공부한다면, 앞으로는 함께 공부할 수 있는 환경을 만들어 주는 건 어떨까요?

- '법전 독학하는 미래의 헌법재판관' 선호의 이야기를 영상으로 확인하세요!
  영재발굴단 제25회(2015년 9월 9일) 방송

열정의 아이를 소개합니다!

이 름	허제이(JAY)
나 이	만 10세(2017년 기준)
특 징	동물들과 대화하며 원어민 수준의 영어 실력을 갖춤
출 연	영재발굴단 제11회(2015년 6월 3일) / 영재발굴단 제12회(2015년 6월 10일)

기발한 상상력으로 세운
'JAY의 자연 속 영어마을'

허제이 양

여주 시내에서도 한참 떨어진 산속에 영어마을이 있다?
정확하게 말하면 제이만을 위한 영어마을이다.
어떻게 아이 단 한 명을 위한 영어마을이 생길 수 있었을까?
그것은 마을의 모든 동물에게 이름을 붙여주고 이들과 영어로 스스럼없이
대화한 제이의 상상력 덕분! 제이의 특별한 능력이 만들어 낸
'JAY의 자연 속 영어마을'은 오늘도 성황리에 영업 중이다.

젖소와 대화하는
아홉 살 영어 신동

"블랙잭! 너 어디에 있니?" 제이가 영어로 묻는다. 분명 '블랙잭'이라는 이름의 친구를 부르는 듯하다. 발음이 원어민으로 착각할 만큼 유려하기 그지없다. 그런데 제이가 서 있는 장소를 보니 고개가 갸웃거린다. 사람 기척 하나 없는 축사 한가운데인 것이다. 더 신기한 점은 젖소 한 마리가 축사 저편에서 제이를 향해 열심히 뛰어오고 있다는 사실!

"블랙잭, 거기 있었구나! 오늘은 뭐했어? 나는 학교에서 그림 그렸어." 젖소가 친구인 듯 다정스러운 말투로 이야기를 건네는 제이. 역시 유창한 영어다. 블랙잭이 음매 소리를 내며 화답한다. 어디에서도 쉽게 볼 수 없는, 재미있고 신기한 풍경이다.

제이와 마을의 모든 동물은 친한 사이다. 그것도 보통 친한 게 아닌, 영어로 친해진 사이다. 무슨 말인가 싶겠지만 엄연한 사실이다. 제이는 블랙잭을 비롯한 축사의 모든 젖소, 닭장 속에서 날개를 푸드덕거리는 닭들, 마당을 운동장 삼아 뛰노는 개들 한 마리 한 마리에게 모두 이름을 붙여 줬다. 그리고 알아듣든 못 알아듣든 동물들과 마음껏 대화하고 있다. 한국어가 아닌 영어로 말이다. 오히려 주변 사람들이 제이와 영어로 대화가 안 된다. 그렇다고 시골 마을에 영어를 쓰는 외국인이 있을 리도 없다. 그러니 어쩌랴, 동물들과 열심히 이야기 나누는 수밖에.

이쯤 되면 확신에 가까운 질문 하나가 떠오를 것이다. '제이는 외국에서 살다 왔군요?' 하지만 안타깝게도 답은 '아니오.'다. 제이는 해외 경험이 전혀 없거니와 여주를 벗어난 적이 거의 없다. 그렇다고 부모가 영어를 잘하는 것도 아니다. 제이는 오로지 독학으로 영어를 익혔다. 동물을 사랑하는 아홉 살 소녀의 머릿속에서 도대체 어떤 일이 벌어졌던 것일까?

 Tip.1 무작정 영어로 말하기!

제이는 보통 아이들과는 다르게 매 순간마다 영어를 쓰고 있어요. 특히 동물들과 교감할 때 영어를 많이 쓰죠. 주변에는 영어로 대화할 사람이 거의 없기 때문이에요. 이렇듯 원어민을 만날 수 없더라도, 영어 학원을 다닐 상황이 아니더라도 일상 속에서 영어를 말하는 습관을 들이면, 보다 쉽고 빠르게 영어를 익힐 수 있어요!

'엄마야!' 대신 'Ouch!'
비결은 엄마와 책 읽기!

특별히 이렇다 할 사건은 없었다. 그저 다른 아이들이 하는 것처럼 네 살 무렵 영어 학습지를 신청한 것뿐이다. 그런데 제이의 반응은 다른 아이들과 사뭇 달랐다. 마치 인형을 만난 것처럼 눈을 빛내더니, 곧 스스로 영어를 읽고 쓰기 시작했다. 영어에 비상한 관심을 보인 꼬마 아가씨는 다섯 살 되던 해에 초등학교 영어 과정을 스스로 떼더니, 일곱 살이 되자 모든 대화를 영어로 채워 나갔다. 심지어 발을 헛디뎠을 때조차 "엄마야!" 대신 "아우치(Ouch)!"라고 소리칠 정도다. 부모는 스스로 영어를 깨친 것도 모자라 24시간 영어로 말하는 제이가 신기하면서도 대견할 따름이다.

"항상 영어로 말하는 제이 덕분에 동생도 어느 정도 영어를 구사해요. 제이의 영어 대화 상대는 거의 동생이 도맡고 있죠. 그런데 동생으로는 부족했는지, 언제부턴가 집에서 키우는 동물들에게 영어로 말하더라고요. 그 모습을 보고 있노라면 상상력이 뛰어난 것 같아 뿌듯하면서도, '오죽 대화할 상대가 없으면 동물들과 저럴까'하는 생각이 들면서 안타깝기도 하죠."

제이 엄마는 아이의 갈증을 풀어 주기 위해 영어 책을 다양하게 모으고 영어 학습 DVD를 보여주는 등 나름대로의 노력을 기울였다. 그중 제이가 가장 좋아하는

활동이 있었으니, 바로 엄마와 함께 책 읽는 시간이다.

제이는 엄마와 함께 무려 2천여 권의 영어 책을 읽었다. 한창 때는 한 번에 30~40권씩 책상에 쌓아 놓고 읽었다고 하니, 듣기만 해도 입이 절로 벌어진다. 분명 이렇게 쌓인 시간들이 제이의 영어 실력 향상에 도움을 주었을 것이다.

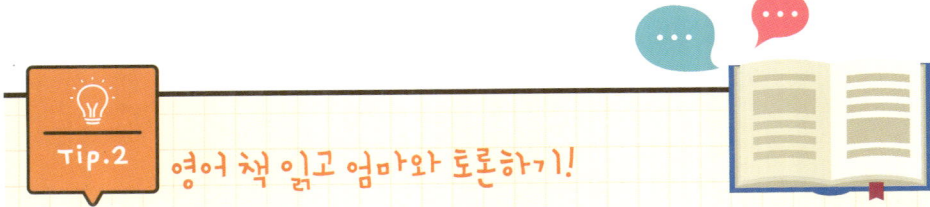

Tip.2 영어 책 읽고 엄마와 토론하기!

책 읽을 시간이 되면 제이는 으레 두 권을 꺼내요. 같은 내용의 책이지만 한 권은 영어로, 한 권은 한국어로 쓰여 있죠. 엄마가 번역본을 읽을 동안 제이는 영어책을 읽어요. 그리고 책에 있는 내용을 바탕으로 다양한 이야기를 나눠요. 이렇게 하면 아이의 독해력과 이해력, 영어 표현 수준이 높아질 뿐만 아니라 엄마와 아이가 교감하는 데도 큰 도움을 준답니다!

제이에게 공부는 '놀이'의 다른 말!

엄마와 재미있게 토론하다 보니 어느새 다가온 공부 시간. 제이는 싫은 기색 하나 없이 수학 문제집과 필기도구를 챙긴다. 그런데 아이가 챙기는 준비물이 하나 더 있다. 바로 인형 한 무더기. 수학 공부하는 데 왜 인형이 필요할까 싶지만 제이의 행동을 가만히 관찰하면 쉽게 이해가 간다. 인형에게 영어로 문제와 풀이법을 설명해 주는 것! 제이는 문제를 풀 때마다 설명해 주는 인형을 바꾸는데, 그 이유도 제법 흥미롭다. 인형들이 수학을 그다지 좋아하지 않아서 쉬는 시간을 준다는 것이다. '상상력 풍부한 영어 신동'다운 학습법이다.

그런데 과연 제이만의 독특한 학습법이 효과적일까? 답은 제이가 내놓는 결과에 있을 터. 이런 속내를 전하자 엄마가 그럴 줄 알았다는 듯 차곡차곡 쌓인 '상장 탑'을 꺼내 보인다. 전국 수학 경시대회 대상은 물론 국어, 과학, 미술 등 여러 분야에서 받은 상이 가득하다. 제이는 영어만 잘하는 아이가 아니었!

어떻게 모든 걸 잘하느냐고 묻자 부모는 선뜻 답하지 못하는데 제이는 오히려 간단명료하게 결론내린다. "그냥 재미있으니까 공부하는 거예요. 저한테 공부는 공부가 아니라 놀이예요. 만약 공부라고 생각했으면 영어도, 다른 과목들도 하기 싫었을 것 같아요."

영어를 사용하는 외국인을 만나본 적이 한 번도 없다는 제이를 위해 직접 여주로 내려온 방송인 줄리안은 무엇보다도 아이의 상상력에 놀라는 눈치였다. "제이의 상상력이 이 마을을 자기만의 영어마을로 변신시켰네요! 제이의 꿈이 작가라고 들었는데, 이 정도 상상력이라면 대단한 작품을 쓸 수 있을 것 같아요!" 제이가 줄리안의 말에 기쁨을 감추지 못한다. 이날 얻은 자신감은 대자연과 함께 자라 온 제이의 영어 실력을 한층 더 업그레이드시킬 듯하다.

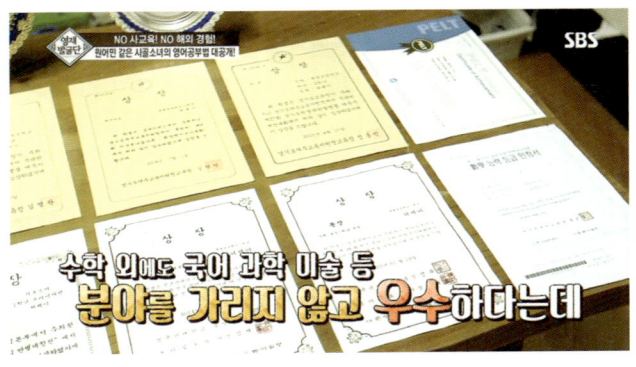

TIP.3 영어는 공부가 아니라 놀이다!

만약 제이가 영어를 '공부'하려고 했다면 지금의 실력을 가지게 됐을까요? 십중팔구 아니었을 거예요. 제이는 영어뿐만 아니라 다른 과목까지 '놀이'라고 생각했어요. 제이에게는 공부가 일종의 장난감이었던 셈이죠. '노력하는 자 위에 즐기는 자 있다'라고 하죠? 아이가 공부를 즐길 수 있는 방법을 찾아보세요!

- '상상력 넘치는 영어 신동' 제이의 이야기를 영상으로 확인하세요!
영재발굴단 제11회(2015년 6월 3일) / 제12회(2015년 6월 10일) 방송

[허제이]

열정의 아이를 소개합니다!

- 이름   양현서
- 나이   만 8세(2017년 기준)
- 특징   BBC 뉴스와 애니메이션을 자막 없이 보고, 한 번 본 영어 문장은 통째로 외움
- 출연   영재발굴단 제83회(2016년 11월 23일)

한 번 본 문장 줄줄 외우는
'영어 알파고'

양현서 양

머릿속에 슈퍼컴퓨터라도 들어 있는 것일까.
한 번 본 문장은 통째로 외우고, 미국식 발음과 영국식 발음의
미세한 'R' 발음 차이를 명확하게 설명하는 아홉 살 '영어 알파고' 현서.
귀여운 삐삐 머리와는 다르게 자막 없이 BBC 뉴스를 보고
국제 정세를 파악할 정도로 무시무시한 영어 실력을 자랑한다.
그렇기에 현서는 당당하게 외친다. "영어가 제 필살기예요!"

미국·영국 애니메이션에 BBC 뉴스까지?

삼면이 책장으로 둘러싸인 방으로 현서가 걸어 들어온다. 자그마한 어린이용 의자에 털썩 앉더니 책을 고르는 아이. 씨익 웃으며 책 한 권을 꺼내 드는데 펼친 책장이 온통 영어투성이다. 의자를 흔들거리며 열심히 종이를 넘기다가 그만 뒤로 넘어가도 아랑곳없이 독서 삼매경이다. 매일 앉은 자리에서 영어 책 다섯 권을 뚝딱 해치운다니 그 집중력이 어른보다 낫다. 그때 한창 책을 읽고 있던 현서가 입을 연다.

아이는 마치 연극을 하듯 목소리와 어투를 그때그때 바꿔 가며 자기와 대화하고 있었다! 이는 영어 책을 좀 더 재미있게 읽기 위한 현서만의 독서 비법이었다. 목소리 연기를 실감나게 펼쳐 나가는 모습이 동화 구연 전문가 못지않다.

책을 다 읽었는지 현서가 한참 만에 자리에서 일어났다. 그런데 이번에는 노트북 앞에 앉는다. 머리도 식힐 겸 게임이라도 하려는 건가 싶었는데 이번에는 영어다. 자막 없는 애니메이션을 틀어 놓고 한참을 깔깔거리는 것이다!

"웜을 워엄~이라고 하잖아요. 케첩을 카첩~이라고 하고요. 재미있지 않아요?" 무슨 소리인가 싶었는데 애니메이션을 유심히 살펴보고 있자니 생소한 발음이 곳곳에서 들린다. 우리나라 사람에게 익숙한 미국식 발음이 아니라 영국식 발음이

었던 것. 현서는 자세히 듣지 않으면 무심코 지나쳐 버리고 말 두 발음의 차이도 명확하게 잡아내고 있었다. 어떻게 이런 차이를 알고 있나 궁금해서 물어보니 미국 애니메이션뿐만 아니라 영국 애니메이션, 심지어 BBC 뉴스까지도 시청하고 있단다. 영어 잘하는 어른들이 보더라도 제법 어려운 BBC 뉴스를 아무런 도움 없이 본다니! 현서의 출중한 영어 실력이 그저 놀랍기만 하다.

아이가 스스로 만든 공부법!
'문장 외우기'와 '영어 독서록'

"처음으로 언어 능력이 또래보다 높다고 생각했던 때가 24개월 무렵이에요. 한글을 따로 가르치지 않았는데도 'ㄱ'과 'ㅏ'가 만나면 '가'가 된다는 걸 스스로 깨우치더라고요." 현서 엄마 민정 씨가 기억을 더듬는다. 하지만 조금 특별한 아이일 뿐, 현서를 영재라고 생각해 본 적 없다고 한다. 엄마 아빠의 담담함과는 다르게 현서는 28개월 때 한글을 뗀 뒤 곧바로 영어 낱말 카드를 가지고 놀았다. 현서는 동화책을 한 권 사면 같은 내용의 영어 번역본도 사 달라고 떼를 썼다. 그후 지금은 어디 가서 빠지지 않을 정도로 놀라운 영어 능력의 소유자가 됐다.

현서는 기특하게도 스스로 영어 공부법을 만들고 실천해 왔다. 그 첫 번째가 바로 영어 문장 외우기! 이는 현서의 특기이기도 한데 현서는 책을 끝까지 읽은 뒤 마지막 장을 덮고는 항상 무언가를 중얼거리는 모습을 보여줬다. 가만히 들어보니 책의 첫 문장부터 마지막 문장까지, 모든 문장을 토씨 하나 틀리지 않고 술술 외우는 것이었다. 다른 책을 보여주고 외우게 해도 결과는 마찬가지다. 그 비결을 물어보니 아이다운 답이 돌아온다. "제 머릿속에 컴퓨터가 들어 있는 것 같아요. 필요할 때 그 컴퓨터를 켜고 스피커를 연결하면 입으로 문장이 나오는 것 같아요!"

그런가 하면 현서는 2년 전부터 영어 독서록을 작성하기 시작했다. 아무도 시키지 않았는데 읽은 영어책을 독서록으로 정리해 나간 것이다. 6개월 분량만 해도 노트 10권이 훌쩍 넘을 만큼 열정과 지속력도 대단하기 그지없다. 여기에 영어 원서 읽기와 영어 동영상 시청하기가 생활화돼 있으니, 현서의 영어 실력이 지금에 이른 것은 어찌 보면 당연한 일인지도 모른다.

TIP.1 현서가 영어와 친해진 비결, '부모의 관심'

현서는 어릴 적부터 언어 분야에서 두각을 드러냈어요. 하지만 부모의 도움이 없었다면 영어 실력이 이토록 성장할 수는 없었을 거예요. 현서 부모는 기꺼이 아이에게 영어 동화책을 사 주고 영어 애니메이션과 BBC 뉴스를 보게 해 주는 등 아이가 영어와 자연스럽게 친해질 수 있는 환경을 만들어 줬어요. 현서는 문장 외우기와 영어 독서록으로 이에 보답했죠. 자녀가 영어를 쉽고 재미있게 접할 수 있도록 다양한 방법으로 관심을 보여주세요!

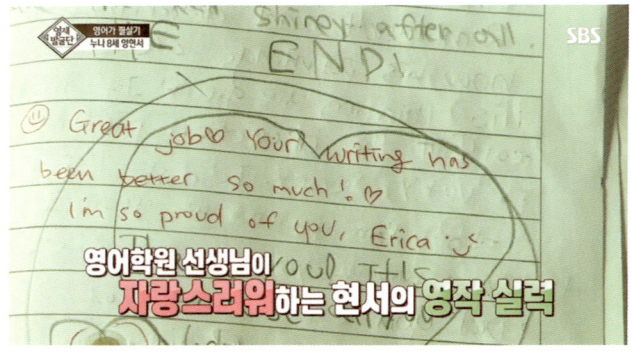

FINDING GENIUS 196

서로를 발전시키는
남매의 '이유 있는 아옹다옹'

영어를 벗 삼아 즐겁게 지내는 현서지만, 남모를 고민 한 가지가 있다. 바로 남동생 현창이다. 두 살 터울에도 불구하고 넘치는 장난기로 영어 공부를 방해하는 통에, 현서는 요즘 정신없는 하루하루를 보내고 있다. 그런데 알고 보니 현창이도 영재라 불러도 좋을 만큼 뛰어난 두뇌를 갖고 있었다. 신기한 점은 누나와 분야가 다르다는 것! 현서가 영어 영재라면 현창이는 수학 영재다. 이렇게 한 집안에 영재가 둘 있다는 것은 매우 드문 일이다. 그래서인지 남매는 유독 공부 시간에 아옹다옹하며 영어와 수학을 서로 가르쳐주려고 애쓴다. 하지만 두 아이 모두 실력만큼이나 자존심이 세기에 그 끝은 거의 대부분 '엄마의 호출'과 '장녀의 혼남'으로 끝난다.

그렇다면 뛰어난 분야가 다른 남매는 서로 어떤 영향을 주고받는 것일까? 이를 정확하게 알아보기 위해 부모는 두 아이에게 미술 심리 검사를 받도록 했다. "보통은 가족 그림을 그릴 때 어른들을 먼저 그리는데 현서와 현창이는 자기를 제일 먼저 그렸어요. 자존감이 높다는 뜻이죠." 엄마 아빠가 미술치료전문가의 이야기에 안심하는 기색을 보인다. 그런데 검사 도중 현서의 작은 문제점 하나를 발견했다. 크레파스에서 가장 좋아하는 색을 고르라는 말에 동생 현창이는 주저

없이 연두색을 고른 반면, 현서는 한참을 망설이다가 흰색 도화지 위에 그릴 색으로 흰색을 선택했다. "고심 끝에 잘 안 보이는 색을 골랐다는 건 본인을 당당하게 드러내는 자신감이 부족하다는 뜻이에요." 왜 이런 결과가 나온 것일까? 미술치료전문가는 그 원인으로 '엄마의 과도한 개입'을 꼽았다. 남매의 옥신각신 공부 시간은 갈등이 아니라 일종의 놀이인데, 엄마가 개입하고 누나를 더 많이 혼내서 현서의 자신감이 많이 떨어졌다는 것이다.

며칠 뒤, 현서 가족은 한 놀이공원으로 향했다. 오늘의 이벤트는 바로 피자 만들기 체험! 온 가족이 힘을 합쳐 피자를 만들고 나눠 먹으며 남매의 우애와 자존감을 높여주려는 것이다. 부모의 예상대로 두 아이는 서로를 배려하면서도 자신의 의견을 당당히 밝히는 모습을 보였다. 각자 뛰어난 능력에 서로에 대한 애정까지 더해진다면 과연 어떤 시너지가 발휘될까. 현서와 현창이가 선보일 미래가 자못 기대된다.

 **Tip.2** 잘잘못 판단보다는 격려와 칭찬을!

형제지간에는 티격태격하는 경우가 많아요. 가장 오래 붙어 있는 또래이니 당연한 일이죠. 그런데 어떤 부모들은 자그마한 다툼에도 예민하게 반응합니다. 그리고는 대부분 맏이를 더 탓하죠. 이런 행위는 당장 아옹다옹하는 건 막을 수 있을지 몰라도, 아이들 사이의 갈등을 부추기는 동시에 큰아이의 자신감을 떨어뜨리는 단초가 되기도 한답니다. 그러니 잘잘못 판단보다는 격려하고 칭찬해주면서 공동체 의식을 느끼게 해 주세요!

- '영어 알파고' 현서의 이야기를 영상으로 확인하세요!
  영재발굴단 제83회(2016년 11월 23일) 방송

열정의 아이를 소개합니다!

이 름   주연아
나 이   만 4세(2017년 기준)
특 징   26개월에 한글을 깨치고 영어까지 구사함
출 연   영재발굴단 제72회(2016년 9월 7일)

놀라운 어휘력을 품은
42개월 '언어의 귀재'

주연아 양

유난히 또래보다 발달이 빨랐다는 연아는 14개월쯤 숫자를 세기 시작해, 26개월에 한글을 깨치고 30개월에 영어와 덧셈 뺄셈을 했다. 성장은 여기서 그치지 않았다. 42개월이 된 연아는 초등학교 2학년 수준의 받아쓰기에서도 100점을 받을 정도다. 초등학교 교사인 엄마 아빠도 연아를 어떻게 키워야 할지 걱정이라고. 책을 읽고 공부를 하는 게 즐겁다는 42개월 연아에게 어떤 비밀이 숨겨져 있을까.

42개월 아이가
받아쓰기를 한다?!

연필도 제대로 잡기 어려울 것 같은 42개월 아이가 받아쓰기를 한다고 하니, 보지 않고서는 도저히 믿기가 어렵다. 그래서 찾아간 연아의 집. 그런데 이게 웬일인가. 한창 떼쓰고 장난 치고 놀 나이의 아이가 취재진이 오자 두 손을 가지런히 모아 인사를 하는 게 아닌가. 인사는 예의이기 때문에 반드시 해야 한다고 똑 부러지게 말하는 연아는 언제 어디서나 180도 '폴더 인사'를 한다.

여기다 작고 앙증맞은 손으로 손 편지를 써서 전하기까지하니 도무지 믿기지 않은 광경이다. 연아 엄마는 아이가 받아쓰기를 할 수 있다며 연필과 종이를 가져온다.

그런 연아에게 '가방', '나비'를 불러주니 너무 쉽단다. 난이도를 올려 '자전거', '방송국' 등을 내보았지만, 아무것도 아니라는 듯 모두 맞혔다.

42개월밖에 되지 않는 아이라고는 도저히 믿기지 않아 전문가를 찾았다. 대체 이런 일이 가능한 걸까? 노규식 정신건강전문의는 "42개월이면 크기, 모양, 숫자 같은 개념을 이해하기 시작할 때입니다. 물건 들고 이거 몇 개야? 그러면 5개 정도 세는 수준이죠."라며 42개월 연아가 받아쓰기를 한다는 이야기에 그저 놀랄 뿐이다. 만 4세 정도에 동그라미를 제대로 그리기만 해도 굉장히 훌륭한 거라고.

이제 막 42개월된 아이가 어쩜 똑 부러지게 자기가 하고 싶은 것을 찾아서 할 수 있는 걸까.

그렇게 연아의 능력이 어디까지일지 궁금해 심리상담소를 찾았다. 검사 결과 연아의 IQ는 158, 상위 0.1%에 속하는 지수다. 게다가 전 분야에 걸쳐 고른 발달을 보이고 있으며 초등 고학년 수준의 인지 능력을 가지고 있다는 결과가 나왔다. 검사를 진행한 양소영 심리상담사는 특히 연아가 소근육 능력이 매우 뛰어난 아이라고 설명했다.

Tip.1 글씨 쓰는 42개월, 비밀은 소근육 능력!

불과 42개월밖에 되지 않은 연아가 받아쓰기를 하는 것도 신기한데, 더 놀라운 것은 연필을 아무렇지도 않게 잘 잡고 심지어 젓가락질도 한다는 사실이에요. 이는 연아의 소근육 능력이 발달했기 때문입니다. 소근육 능력은 손을 활용해서 조작하고 움직이고 판단하는 능력을 일컫는 것으로, 연아의 지능 발달에도 큰 도움이 되었을 거라고 하네요.

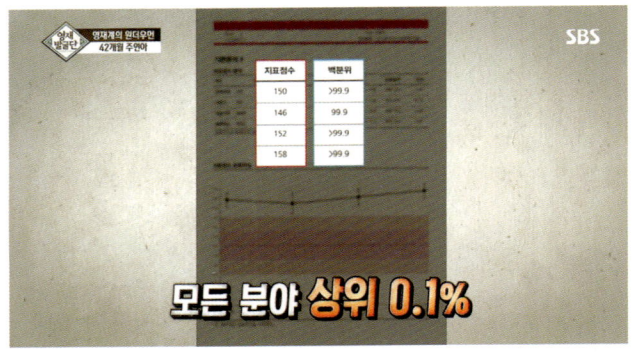

하고 싶어 하는 걸
마음껏 하게 하다

그렇다면 연아의 어휘력은 얼마나 풍부한 걸까. 이런 궁금증을 안고 초등학교 2학년 아이들과 받아쓰기 대결을 하기로 했다. 그저 연아가 귀엽기만 한 언니 오빠들. 조금 안심하는 눈치다.

연아보다는 잘 볼 자신이 있다고 호기롭게 말한다. 연아도 그런 언니, 오빠들 틈에서 지지 않겠다는 듯 100점을 외친다. 그렇게 진행된 받아쓰기 결과는?

역시 연아의 승리다! 언니 오빠들이 고전했던 겹받침 문제도 연아는 어렵지 않게 척척 써 내려가며 100점을 받았다. 그제야 아이들도 감탄의 눈빛으로 연아를 바라본다.

연아는 어떻게 해서 이렇게 받아쓰기를 잘 할 수 있는 걸까.

연아는 "잘 생각해서 쓰고 책을 많이 읽어야 받아쓰기를 잘 할 수 있다"라고 말한다. 다른 아이들과 달리 어린이 집을 가지 않는다는 연아는 책 읽는 시간이 가장 즐겁다고 한다.

그런데 연아가 책을 읽다 모르는 단어가 나오면 어떻게 할까. 엄마가 늘 함께 하는 게 아닌데 말이다. 이때 아이가 자연스럽게 국어사전을 펼치더니 모르는 단어를 찾아 그 뜻을 이해한 뒤에 다시 책을 읽는다.

[주연아]

"부싯돌이 뭐야? 이렇게 물어보면 저희는 알잖아요. 그런데 이걸 말로 설명하기가 어려운 거에요. 그래서 사전을 찾아봤어요. 우리가 설명하는 단어가 국어사전처럼 뜻이 명확하지 않으면 자꾸 물어보는데요.
그럴 때 아이가 '아, 국어사전을 봐야겠어'라며 꺼내 오더라고요."
그렇게 연아 부모는 연아가 하고 싶어하고, 알고 싶어하는 걸 막기보다는 어떻게 하면 연아가 더 재미있게 할 수 있을까를 생각했다. 그리고 연아 스스로 그걸 해낼 수 있게 했다.

Tip.2 연아가 사전을 찾으며 책을 읽는 이유는?

연아는 평소 책 읽기를 좋아하고 늘 또래보다 어려운 책을 읽어요. 그런데 엄마 아빠가 없을 때 어려운 단어를 접하면 어떻게 할까요? 그 비밀은 바로 '국어사전'에 있었습니다. 연아 엄마는 아이와 책을 읽다가 모르는 단어가 나오면 사전으로 그 뜻을 알게 했다고 합니다. 그 이후 연아는 책을 읽다가도 모르는 단어가 나오면 자연스럽게 국어 사전을 가지고 와서 책을 읽는다고 합니다.

공부도 놀이처럼
즐겁고 재미있게!

한글만 잘하는 줄 알았더니 영어도 만만치 않게 잘한다! 모처럼 엄마와 외출한 연아가 영어로 적힌 '세일(SALE)'이라는 단어를 읽는다. 그러더니 서점에 가서 영어 회화 책을 들고 와서는 그 자리에 앉아 책을 술술 읽는다. 능력의 끝이 보이지 않는 연아. 14개월에 숫자를 세고, 26개월에 한글을 읽더니 글자에 대한 호기심으로 알파벳을 배운지 4개월만에 영어 단어를 읽으며 엄마를 놀라게 했다.

그런 아이를 위해 엄마는 연아가 놀듯이 공부할 수 있도록 환경을 만들어 주는데 중점을 둔다고 설명한다. 그 방법 중 하나가 바로 문제집을 찢어서 공부하는 거라고. 자칫 두꺼운 책이 연아에게 부담을 줄 수 있다고 생각해서다. 42개월 연아에게 좀 어려울 수 있는 덧셈 뺄셈도 놀듯이 한 장씩 문제를 풀어간다. 그런 연아에게 오늘 마쳐야 할 분량은 정해있지 않다. 아이 스스로 하다가 힘들면 그만두면 되기 때문이다. 그래서일까. 연아는 공부가 재밌단다.

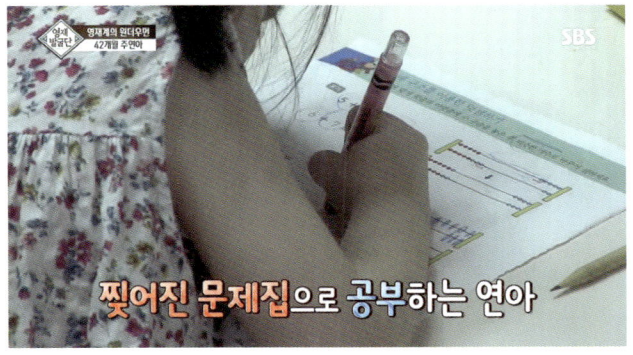

이야기 교육장에서 연아는 어른들이 만들어 놓은 정해진 답이 아닌 자기만의 생각을 마음껏 이야기했다. 거침없이 자신의 생각을 이야기 하는 연아, 그리고 연아의 웃음 소리. 엄마는 다른 아이에 비해 특별한 연아를 어떻게 키워야 할지는 잘 모르겠다고 말한다.

하지만 한 가지 분명한 건 연아가 즐겁고 재미있게, 그리고 행복한 아이로 자라기를 바란다는 사실이다.

이야기 교육이란?

대부분의 아이들 교육은 어른 중심으로 되어 있습니다. 그렇다 보니 아이가 사고하고 생각할 시간을 주지 않죠. 이야기 교육은 아이가 다양한 이야기를 접해 스스로 창의력과 사고력을 키워 문제해결능력을 높이는 교육입니다. 이를 통해 아이가 자존감도 높이고 스스로 생각하는 힘을 기를 수 있습니다.

- 받아쓰기하는 42개월 연아의 이야기를 영상으로 확인하세요!
영재발굴단 제72회(2016년 9월 7일) 방송

[주연아]

이서연
홍승유
이유림
송재근
김이준
고태윤
안세윤
이진오
김성윤
윤찬영
이승재
박태현
김서정
김현빈·김현덕
강선호
허제이
양현서
주연아

부록

언어
영재

FINDING
GENIUS

비장의
SECRET!

5개 국어 구사하는 영재 **서연이**의 성장 시크릿!

아이를 주의 깊게 관찰하고 **호불호를 정확하게 파악해 놀이 교육에 접목**한다.

하나의 단어를 **다양한 외국어로** 알 수 있도록 **'연결 놀이'**를 한다.

아이가 배운 것을 **가족과 함께 공유**한다.

아이와 즐겁게 소통하기 위해 **엄마도 외국어를** 익힌다.

다양한 **교재와 교보재를 직접 만들어** 흥미와 학습 **효과를 극대화**한다.

7개 국어 읽고 쓰는 언어 지니어스 승유의 성장 시크릿!

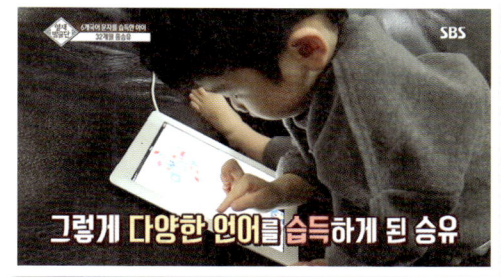

동영상으로 아이의 호기심을 길러 준다.

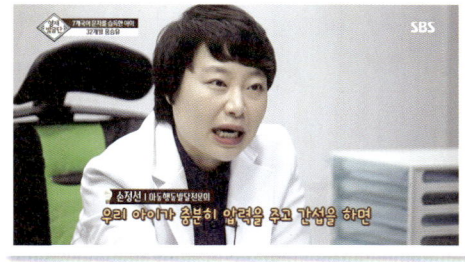

균형있는 '**성취 압력**'과 '**간섭**'은 아이 성장의 밑거름이 된다.

아이가 흥미를 느끼는 분야에 **관심**을 가진다. 활발한 소통은 재능 성장의 원동력이 된다.

다양한 방법으로 **격려하고 칭찬**한다.

비장의 SECRET!

5개국어 능력자 **유림이**의 성장 시크릿!

1

책을 읽은 후 독후감을 쓰게 한다.

2

아이가 책을 읽으면 **엄마도 책을 읽는다**.

3

원어민에게 회화를 배울 수 있게 해준다.

4

아이의 눈높이에서, **아이가 원하는 것**이 무엇인지 들어준다.

FINDING GENIUS

3개 국어 말하는 리틀 외교관 재근이의 성장 시크릿!

독서, 해외 여행 등 아이와 함께 **다양한 경험**을 쌓는다.

공부한 외국어를 활용할 수 있는 방법을 제시한다.

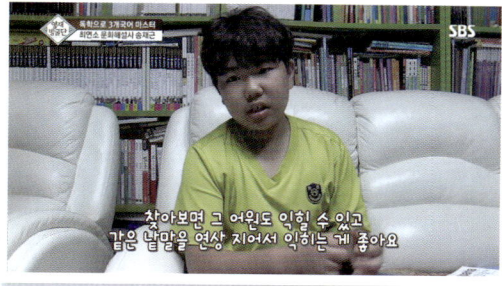

아이가 **스스로 즐겁게 공부할 수 있는 학습법**을 개발하도록 도와준다.

동영상, 화상 채팅 등 다양한 영상 매체를 적극적으로 활용한다.

비장의 SECRET!

다양한 시도로 아이의 '재능의 폭'을 넓혀 준다.

외국어 공부도 중요하지만, 무엇보다 **한글 공부가 가장 중요**하다.

아이의 발전에 해가 될 수 있는 **'무조건적인 칭찬'을 지양**한다.

동영상은 아이의 '시야'와 '생각의 폭'을 넓히기에 적합하다.

FINDING GENIUS

어릴 때부터 **영어를 자연스럽게 접할 수 있는 환경**을 만들어 준다.

TV, 태블릿 PC, 영어 원서 등을 적절히 활용하면 영어 공부에 큰 도움이 된다.

아이의 **'학습 균형'**을 맞춰 주기 위해 **세심한 노력**을 기울인다.

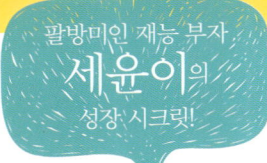

아이가 공부에 필요한 것이 있다면 **도움을 주는 엄마**가 되어야 한다.

아이에게 맞는 학습법을 찾으려면 전문가를 만난다.

아이가 행복하게 공부할 수 있도록 '**학습 균형**'을 맞춰준다.

네 살 영어왕 **진오**의 성장 시크릿!

어릴 때부터 **아이의 관심사**를 면밀히 파악한다.

아이가 관심사를 **스스로 발전시킬 수 있도록 지지**해 준다.

아기에서 어린이로 거듭나는 시기인 **네 살에 다양한 자극을 선물**한다.

아이의 끼와 재능을 북돋는 **'칭찬'**을 아끼지 않는다.

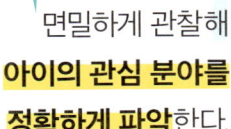
3개 국어에 능숙한 스마트폰 박사 **성윤이**의 성장 시크릿!

1 면밀하게 관찰해 **아이의 관심 분야를 정확하게 파악**한다.

2 아이의 관심사에 맞는 **유튜브 채널**을 보여준다.

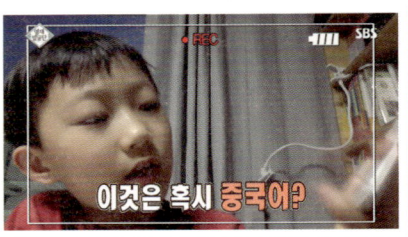

3 아이가 관심사에 맞춰 자연스럽게 **외국어를 공부할 수 있도록 유도**한다.

4 **아이의 소신과 꿈**을 지지해 준다.

FINDING GENIUS

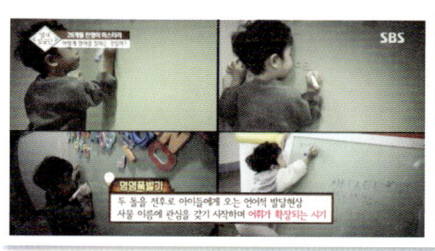

18~24개월에 찾아오는 '**명명폭발기**'를 놓치지 말자.

명명폭발 시기에 **영어 동영상 자극을 주면 효과가 크다!**

유튜브 동영상, 영어 음악 등 다양한 자극을 통해 '**이미지 형상 기억법**'을 익히게 한다.

아이가 **좋아하는 것을 접할 수 있는 분위기와 환경**을 만들어준다.

오감으로 느낄 수 있는 체험활동으로 아이의 영재성을 한층 키워준다.

궁금한 내용이 있으면 **도서관을 활용**한다.

한 권의 책을 여러 번 읽어
책 내용을 자기 것으로 만들게 한다.

아이가 지식을 펼칠 수 있도록 **가족이 관심**을 가져야 한다.

FINDING GENIUS

한국의 13세 짐 캐리, **태현이**의 성장 시크릿!

아이가 좋아하는 **특정 인물이나 분야를 파악**해 **다양한 자료를 제공**한다.

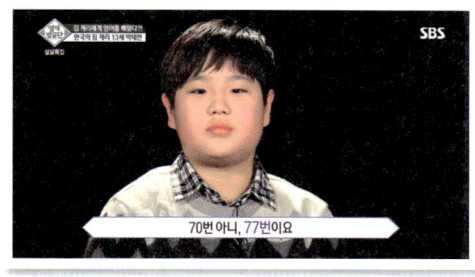

동영상을 반복해서 보고 따라하게 한다.

오감을 자극할 수 있는 **다양한 동영상 자료를 함께 시청**한다.

아이의 **'진짜 성향'**을 관찰하고 **검사**해서 육아 계획에 적극적으로 반영한다.

비장의 SECRET!

뮤지컬 팔방미인
서정이의
성장 시크릿!

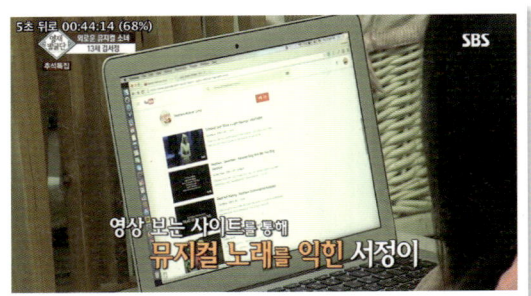

1

유튜브 동영상으로 아이가 관심을 두는 분야의 **깊이와 폭을 한층 더 넓혀준다.**

2

관심사를 다양한 분야로 확장할 수 있도록 적극적으로 돕는다.

3

아이의 **관심사를 지속해서 격려하고 칭찬**한다.

4

아이의 **꿈을 함께 키워갈 '꿈 동료'**를 만들어 준다.

FINDING GENIUS

옛 성현의 말씀은 오늘날의 아이들에게 큰 도움이 된다.

잘 짜인 **맞춤형 홈스쿨링**은 **학교 교육을 대체**할 수 있다.

가족 사이에서 익힌 예의범절은 아이의 **사회성 증진**에 큰 도움이 된다.

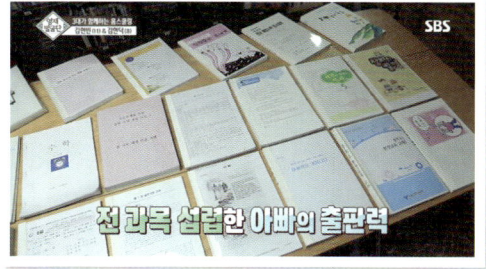

아이에게 꼭 맞춘 **교보재를 직접 만들어 제공**한다.

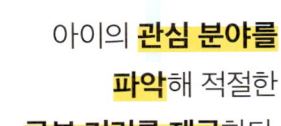
미래의 헌법재판관 **선호**의 성장 시크릿!

1. 아이의 **관심 분야를 파악**해 적절한 **공부 거리를 제공**한다.

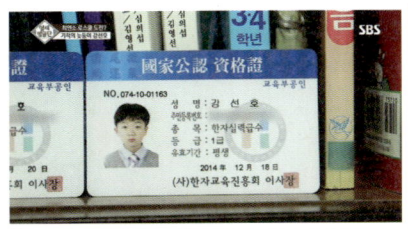

2. 아이가 **관심 있어 하는 분야를 공부하도록** 돕는다.

3. 아이가 공부한 내용을 **실생활에 활용할 수 있게 유도**한다.

4. **여럿이 함께 공부할 수 있는 환경**을 만든다.

FINDING GENIUS

일상 속에서 **끊임없이 영어로 말한다.**

영어책과 동영상으로 아이의 흥미를 돋궈준다.

아이와 함께 **책을 읽고** 그 내용을 **자유롭게 토론**한다.

아이가 **공부를 놀이라고 생각** 할 수 있는 환경을 만들어준다.

비장의 SECRET!

영어 알파고 **현서**의 성장 시크릿!

1. 아이가 **영어와 친해질 수 있는 환경**을 마련해 준다.

2. **애니메이션, 해외 뉴스** 등 동영상을 다양하게 활용한다. 영어 실력을 향상하는 데 큰 도움이 된다.

3. **문장 외우기, 영어 독서록** 등 아이가 즐겁게 실천할 수 있는 공부법을 찾아준다.

4. 형제가 서로 긍정적인 영향을 줄 수 있도록 **칭찬과 격려를 아끼지 않는다**.

FINDING GENIUS

아이의 관심이 무엇인지 관찰하고,
자극을 줄 수 있는 환경을 만든다.

아이가 책을 좋아한다면
언제 어디서나 책을 볼 수 있게 한다.

모르는 단어가 있으면
아이가 직접 **국어 사전**을
찾아 보게 한다.

문제집을 찢어 풀며
공부도 놀이처럼 한다.

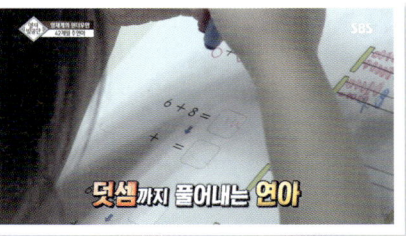

**비범한 대한민국 영재들의
위풍당당 성장 시크릿!**
SBS 영재발굴단 l 언어 영재 편

초판 1쇄 인쇄 2017년 6월 21일
초판 1쇄 발행 2017년 6월 27일

기 획 SBS
지은이 SBS 영재발굴단
펴낸이 곽정윤
펴낸곳 외곽
편 집 정지연
디자인 편집디자인실 외곽
마케팅 변상섭

등 록 제321-2011-000087호 2011년 5월 4일
주 소 (06525) 서울시 서초구 강남대로 109길 73-33
전 화 02-3447-7601 **팩 스** 02-3447-7610
이메일 oikwak@oikwak.com

ⓒSBS, 2017
ISBN 979-11-960977-0-7

- 잘못 만들어진 책은 바꿔드립니다.
- 책값은 뒤표지에 있습니다.
- 이 책은 저작권법에 따라 보호받는 저작물이므로 무단 전재와 복제를 금지하며
  이 책의 전부 또는 일부를 이용하려면 반드시 저작권자의 동의를 받아야 합니다.